명당찾기
수맥측정 핵심비결

진산

▶ YouTube에서
전용원 교수를 찾아
더 많은 영상을 보세요.

명당 찾기
　　수맥 측정 핵심비결
저자- 전 용 원
초판발행- 2022. 1. 1.

발행처- 진산
등록번호- 제2-3924호
등록일자- 1999. 3. 5.
서울 중구 퇴계로 88길 20
　　　　대신빌딩 104호
전화 02)2264 - 0258
홈페이지 www. kbs. cc
값 20,000원

ISBN 978-89-93392-13-5
(03150)

저자의 허락없이 이 책의 일부 또는 전부를 복제· 복사· 전재· 발췌할 수 없습니다.
유통 중 파손된 책은 구입처에서 교환해드립니다.

서문

 명당을 찾는다는 것은 풍수학의 최종 목표이고 풍수라는 학문은 자연을 인간에게 유리하게 활용하는 학문이다. 세상에는 풍수학에 관한 책이 많고 지사(地師)를 자처하는 사람도 많다. 그러나 풍수의 핵심을 전하는 책은 드물고 믿을 수 있는 지사도 드물다. 그만큼 이론이 복잡하고 '형기론'이니 '이기론'이니 하며 학설을 나누어 자기 주장을 펼친다. 그러나 땅은 그저 땅으로 보아야 한다. 땅에 무슨 일정한 법칙이 있겠는가. 학문을 터득하고 오랫동안 탐구하여 땅에 대해 눈이 열린 사람에게는 매우 간결하고 사실적인 학술이 풍수학이다. 그러나 이곳저곳 기웃거리며 귀동냥 눈동냥으로 세월을 보낸 사람에게는 손에 잡히지도 않고 눈에 들어오지도 않는 학술이 또한 풍수학이다. 그래서 지사를 자처하는 부류를 5가지 등급으로 나눈다.

첫째는 **관성망두(觀星望斗)**: 멀리 별자리와 북두성을 보고 아는 경계이다.

둘째는 **순간수구(順看水口)**: 풍수적으로 물이 나가는 수구(水口)만을 위주로 논하는 수준이다.
셋째는 **만산란주(滿散亂走)**: 온갖 산을 어지럽게 뛰어다니며 길흉을 논하는 수준이다.
넷째는 **순인취구(順人嘴口)**: 이 사람이 좋다고 하면 자기도 좋다고 하고, 저 사람이 그르다고 하면 자기도 그르다고 하는 수준.
다섯째는 **사부지주(死不知走)**: 죽을 때까지도 모르면서 다니는 수준 등이다.

　지사를 자처하는 사람 가운데 수맥 탐지가 크게 어려운 법칙이나 되는 것처럼 설명하는 경우도 있고, 심지어는 그것을 가르치는 학원도 있다. 그러나 알고 보면 수맥 측정과 수맥파 차단은 매우 간단하다. 필자는 청오 지창룡박사의 제자로서 50여 년 주역·유가서·도가서·불가서를 연구하고 풍수·관상학 등의 술수(術數) 분야도 터득하려 애를 써왔다. 망팔(望八)에 이르러는 큰 의혹이 사라졌기에 풍수와 수맥에 관한 폐해를 줄여 모두에게 도움이 되게 하려고 이 책을 간추려 내게 되었다. 부디 독자들께 많은 도움 되시기 바란다.
　　　　　　　　2022년 원단　저자 지(識)

목차

서문 5

명당 찾기편 9

명당 찾기에 필요한 풍수적 이론 9

풍수의 기원과 전래 9

풍수의 요체와 동기감응 12

풍수라는 명칭의 유래 15

저리자와 청오경 16

곽박과 금낭경 17

당나라 이후의 풍수학 19

국내의 풍수지리 약사 20

풍수학의 현대적 정의 24

풍수학 용어 25

명당의 실체 30

명당잡는 법 37

건물 입지 선정시 주의할 점 38

집 살 때 주의할 점 62

음택을 정하거나 감정할 때 65

수맥 탐지와 수맥파 차단편 72
수맥 측정과 차단법 72
수맥과 영향 73
수맥이란? 73
수맥파란? 75
수맥이 미치는 영향 76
일상에서 느낄 수 있는 증상 79
명당 혈과 수맥 관계 80
수맥 측정법 81
수맥탐사봉으로 우물 찾기 83
수맥파 차단법 84

현장 풍수편 87
좋은 양택지 예 87
청와대 풍수는? 89
좋은 음택지 예 90
전임 대통령들의 묘소는? 93
이승만 대통령 묘소 93
박정희 대통령 묘소 94
김대중 대통령 묘소 95
김영삼 대통령 묘소 97
한국의 길한 양택지 98

이병철 회장 생가 98
풍물기행 101
흉지사례 107
5년을 넘기지 못하는 집터 107
7년 사이 2사람이 간암으로 사망한 집터 111
흉지에서 길지로 이장한 사례 115
냉시혈 이야기 115
명당 순례 119
세종대왕 영릉 분석 119
남연군묘 분석 123
조익선생묘 140
당대 발복 당대 쇠멸한 명당 이용익 대감 조모묘 145
고려대학교 153
청오 지창룡 154

명당찾기 수맥측정 핵심비결

명당 찾기편

명당 찾기에 필요한 풍수적 이론
풍수의 기원과 전래

 풍수가 언제 어느 곳에서 처음 발원되었는지 알 수 없으나 동양의 발원지는 중국임이 틀림없다. 이는 상(은나라)나라의 도읍지 은허(殷墟)에서 출토된 갑골문의 기록을 보면 분명해진다. 갑골에는 '옳고 바르다. 당토에 대읍을 건설하는 것이 (貞, 作大邑於唐土.)'라고 하였는데, 이 시기는 BC 1600년 무렵으로 이미 3천 6백여 년 전의 기록이다. 뿐만 아니라 《서경·주서》에는 주나라 성왕이 낙읍에 도성을 건설할 때의 기록이 있다.

2월 16일에서 6일 지난 을미일에 왕이 아침에 걸어 주에서 풍에 이르셨다. 태보가 주공보다 먼저 집터를 살피고 그 다음 3월 병오일 초승 3일 지난 무신일 태보가 아침에 낙에 도착하여 택상을 점친 후 점괘를 얻어 경영하게 되었

다.-소고-

주공이 손을 이마에 대어 절하고 아뢰기를 "제 조카 명석한 임금이시여! 제가 보좌하여 크게 동쪽 땅을 보니 백성들의 명철한 임금이 될 만한 터입니다. 제가 을묘일 아침 낙사에게 가 하역(河朔)과 여수(黎水)를 점치고 냇물의 동쪽과 전수(瀍水) 서쪽을 점치니 낙지역 만이 길하므로 오시라고 하여 그림과 점친 것을 바칩니다."라고 하였다.-낙고-

위 내용은 상(商)나라가 멸망하고 주나라가 대국이 된 기원전 11세기의 기록인 점을 감안할 때 최저 3천여 년 전에 이미 택지나 도읍지를 정하는데 풍수가 활용되었음을 알 수 있다. 그러나 당시 풍수는 학문적 이론이 있었던 것이 아니라 경험에 의해 땅을 살피고 물의 흐름 등을 감안한 후 최종적으로는 점을 쳐서 결정했다. 이때의 점 친 것을 복택(卜宅)이라고 하며 현재에도 이 점법을 이용할 수 있는데, 《주역》의 괘사와 효사 가운데 복택에 활용할 수 있는 점괘의 일부를 살펴보면 다음과 같다.

*곤괘(坤卦)의 괘사: 군자는 갈 곳이 있다. 서남쪽에서 벗을 얻는다. 편안히 여기고 머물면 길하리라(君子有攸往.…西南得朋.…安貞吉.).

*준괘(屯卦)의 괘사: 제후를 세움에 이롭다(利建侯.). 初九: 거처를 정함에 이롭다(利居貞.).

*수괘(隨卦)의 六三: 거처를 정함에 이롭다(利居貞.).

*이괘(頤卦)의 六二: 언덕에서 길러준다(拂經于丘.).

*승괘(升卦)의 九三: 빈 고을로 올라간다(升虛邑.).
六四: 왕이 기산에서 제사를 올리면 길하리라(王用亨于岐山, 吉.).

*환괘(渙卦)의 괘사: 왕이 묘당을 갖게 되었다(王假有廟.). 六四: 언덕 위에 있으니 보통사람

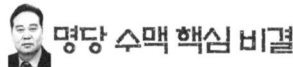

은 생각지 못한 것이다(有丘, 非夷所思.).

이상은 《주역》의 괘사와 효사 가운데 복택과 관련된 내용 중 일부만을 예로 든 것이다.

풍수의 요체와 동기감응

흔히 풍수를 미신이라거나, 근거가 없는 사술이라고 매도하는 사람들이 있다. 그러나 그들 가운데도 정작 자신의 부모님 묘지를 정하거나 집터 등을 잡을 때는 남모르게 필자에게 문의해오는 때도 있는데, 이는 그들도 내면적으로 풍수설을 믿는다는 증거이기도 하지만, 다른 측면으로 볼 때 '내 혈육을 편히 모시고 싶다'라거나, '길한 터가 있기는 있다'라는 것을 믿기 때문일 것이다.

풍수의 요체는 동기감응의 원리이다. 동기감응이란, 같은 기(氣)를 띠면 서로 감지되어 반응으로 나타난다는 것이다. 동진시기의 학자 곽박(276-324)이 저술한 《장경·내편》에 의하면 부모·조상의 유골이 길지에서 발산되는 생기를 받으면 자손에게 동기감응을 일으켜 복을 받게 되지만, 장지를 잘못 선택해 유골이 사기를 받으면 자손이 재앙을 받게 된다고 한다.

곽박

장사를 지낸다는 것은 생기를 찾는 것이다. 사람은 부모로부터 몸을 물려받았으므로 본체(부모의 몸)가 생기를 얻으면 남겨진 몸이 음덕을 받게 된다. 부모의 유골이 생기에 감촉되면 응함이 있게 되니 조상의 혼신이 사람에게 복을 주는 것이다. 생기가 모여 그 골해에 응결되면 이미 죽었어도 자식은 남아 있는 것이므로 장사를 지내면 생기가 골해에 스며들고 이에 응하여 후손에게 나타나는 법칙이다.…그런 까닭으로 동산이 서쪽에서 무너지자 영종이 동쪽에서 감응한 것이다. 나무가 봄에 피어나고 곡식은 실내에서도 싹이 트는 것처럼 태어나는 모든 것은 기가 모이는 것이다.

이처럼 곽박은 동기감응설을 주장하며 한나라 시기 영종이 울린 실화를 들어 이를 입증했다. 즉, 중국 한나라 무제(재위 BC141-BC87) 때 미앙궁에 구리로 만든 커다란 종이 있었는데 어느 날 아무도 건드리지 않았음에도 종이 저절로 울렸다. 황제가 이를 이상히 여겨 동방삭(東方朔, ?-?)에게 물으니 대답하기를 "서측에 있는 동산이 붕괴되었기 때문입니다."라고 대답하였다. 며칠 후 서측에서 동산이 붕괴되었다는 보고가 들어왔는데 산이 무너진 날이 바로 미앙궁에 있는 영종이 울린 날이었다. 황제가 다시 동방삭에게 어떻게 알았느냐고 묻자

동방삭

동방삭이 대답하기를 "이 종은 동산에서 캐어낸 구리로 만들었기 때문에 동질(同質)의 기가 서로 감응을 일으켜서 발생한 일입니다"라고 했다. 그때 황제가 크게 감탄하여 말하기를 "이러한 물질도 서로 감응을 일으키는데 만물의 영장인 사람은 얼마나 많은 감응을 일으킬 것인가!"라고 했다는 것이다.

곽박은 氣의 실체에 관해서도 같은 책 〈내편〉

에서 다음과 같이 논했다.

 무릇 음양의 기는 뿜어 나오면 바람이 되고, 하늘로 올라가면 구름이 되며, 땅으로 내려오면 비가 되고, 땅속에서 운행하면 생기가 된다. 다섯 가지 기가 땅속에서 운행하다 드러나면 만물로 태어난다.

 곽박은 기의 실체를 음양과 오행의 기라고 설명하고 밖으로 드러나는 기는 양기로서 바람이 되고, 구름이 되고 비가 된다고 하였다. 그리고 땅속으로 운행되는 기는 생기가 되며 다섯 가지 기가 땅속에서 운행하여 드러내는 것이 만물로 태어난다고 하였다.

풍수라는 명칭의 유래

 풍수의 본래 이름은 감여(堪輿)이다. 감(堪)은 '천도'이며 여(輿)는 '대지'를 뜻하므로 하늘과 땅이 함께 만들어낸 길지를 찾는 것이 감여이다. 이밖에도 감(堪)자는 土(땅)와 甚(심: 두텁다)이

합쳐진 형성자 또는 회의자로 '땅이 두텁다'가 본 뜻이다. 여(輿)자 또한 '수레'·'높다'의 뜻이므로 감여는 '땅이 두텁고 높은 곳을 찾는다'는 뜻인 것이다. 이로 보아 고대인들은 두텁고 높은 땅이 생기를 품고 있다고 생각했음을 알 수 있다.

저리자와 《청오경》

기원전 4세기 진(秦)나라 혜문왕의 동생 저리자 (?-BC300)가 세계 최초의 감여서인 《청오경》을 저술하였다. 《사기·저리자 감무열전》에 의하면, 저리자는 이름이 질(疾)이며 진나라 혜문왕의 동생으로 익살스럽고 재치가 많아 진나라 사람들이 "지랑(지혜주머니)"이라고 불렀다. 그가 말하길 "백 년 후 천자의 궁궐이 내 묘를 사이

저리자

에 낄 것이다"라고 하였는데 한나라가 건국한 후 장락궁이 동쪽에 지어지고 미앙궁이 서쪽에 지어져 그의 묘 양쪽에 천자의 궁전이 들어섬으로 그의 예언이 적중하였다.

저리자는 《청오경》에서 '외기가 형세를 이루고 안과 밖이 서로 조화를 이루면 풍수가 저절로 이루어진다(外氣成形, 內外相乘, 風水自成.)'라고 하였는데 '풍수'라는 단어는 이 문장 '風水自成'에서 유래하게 되었다. 특히 국내에서는 '풍수지리'라는 명칭으로 통용되기도 하는데, 이는 '땅에 담긴 이치'라는 뜻의 '지리(地理)'를 결합한 단어로 주로 국내에서 통용되는 명칭일 뿐 기타 동양권 국가에서는 '풍수'라고 통용되고 있으며 서양에서는 Geomancy라고 부른다.

곽박과 금낭경

 위진(魏晉) 시기인 3세기에 이르러 풍수는 이미 민간에서 널리 이용되었다. 특히 부유한 계층에서는 집터를 정하는데 그치지 않고 묘 터를 잡는 데까지 이 법술을 활용하게 되었다.
곽박은 서진 말기부터 동진에 걸친 시풍을 대표하는 시인으로, 시뿐만 아니라 노장사상에도 심취해 있었으므로 도가를 통해 전수되던 풍수를 접하게 되었다. 그는 《청오경》의 내용을 인용하고 발전시켜 《장서》를 저술하였는데 음택뿐만 아니라 양택에 관한 내용까지 수록하고 간결하고 풍부한 비유로서 알기 쉽게 설명하였으므로 풍수의 경전적 저작이라고 하여 후인들이 《장경》이라고 높여 부르게 되었다. 이 책은 당나라의 승려 홍사가 황제 현종(712-756)에게 헌정하고, 황제는 이 책을 비단 주머니인 금낭 속에 넣어 깊이 숨겨두고 혼자만 읽었으므로 이후 《금낭경》이라고도 불리게 되었다. 곽박은 《장경·내편》에서 기에 관해 다음과 같이 설명하였다.

　기는 바람을 타면 흩어지고 물이 경계를 이루면 멈춘다. 옛사람이 그것을 모이게 하였지 흩어지게 하지 않았다. 기가 운행하면 멈추게 하였으므로 풍수라고 이른다.

　곽박은 이처럼 풍수의 요체를 기(氣)라고 간파하고 기를 멈추게 하는 것이 물이라고 구체적으로 설명하였다.

당나라 이후의 풍수학

 당나라 시기에 이르러 일행선사(683-727)는 음양오행으로 산과 물의 길흉화복을 예측하는 방법을 창안했으며 이허중(762-813) 또한 주역의 수리에 착안하여 음양오행으로 길흉과 귀천을 추측하는 명리학을 창안했는데 이들의 이론은 풍수에 큰 영향을 미쳤다. 이들의 영향을 받아 양균송(834-903)이 《감룡경》·《의룡경》·《청낭오어》를 저술하고 그의 제자 증문천(843-?)이 《청낭서》를, 송나라 휘종(1101-1126) 때의 인물인 뇌문준(?-?)이 《최관편》 등을 저술하였는데, 이들 책에는 주로 음택에 관한 내용이 담김으로써 음택법이 큰 발전을 이루었다.

 명나라 시기에는 양명학의 영향으로 다시 양택법이 발달하여 신종(1573-1620)때 왕군영(?-?)이 《양택십서》·《양택삼요》 등을 저술하였다.
 청나라 강희제(재위1661-1722)부터 가경제(재위1796년-1820)까지 경제가 번영하고 사회가 안정

명당 수맥 핵심 비결

되었으며 《사고전서》가 수찬 됨으로 인해 《양택대전》·《양택집성》·《양택요람》·《양택촬요》 등 10여 종의 양택서들이 간행되어 양택법이 크게 발전하여 현재에 전해지게 되었다.

국내의 풍수지리 약사

국내에는 신라 말 승려 도선(827-898)이 당나라에 유학하며 일행선사의 풍수술을 전수 받았다고 주장하는 이들이 있지만 도선이 당나라에 유학했다는 근거가 없고, 일행(683-727)과 생몰연대도 170년 이상 차이가 나므로 믿기 어렵다. 국내에서 풍수가 행해진 시기를 추산하기 위해서는 현존하는 유적들이 풍수적 영향을 받았는가를 살펴보는 것이 타당할 듯하다.

먼저 건축물들을 살펴보면, 삼국시기 유적 가운데 강화도 전등사가 서기 381년 창건되었으며, 김천 직지사 418년, 불국사 528년, 속리산 법주사 553년, 수덕사가 554년 각각 창건되었는데 이 사찰들은 당나라 건국(618)보다 237년-60여 년 앞선 시기에 창건된 건축물들이지만 모두 풍수학적으로 명당 혈처에 자리를 잡고 있다.

다음으로 분묘들을 살펴보면, 평안남도 강서군 삼묘리 강서중묘는 6세기 중엽 축조되었으나 풍수설

전등사 대웅보전(보물 제 178호)
전등사 홈페이지 캡쳐

의 핵심을 이루는 사신도(현무·주작·청룡·백호)가 선명하다. 당나라 건국보다 1백여 년 앞서 축조되었다.

강서중묘
천정그림

한일 고대사 연구에 중요한 자료를 제공하는 일본 규슈(九州) 아스카(飛鳥) 다카마스고분(高松塚)은 6세기 축조된 백제계 고분으로 당나라 건국 1백여 년 전 축조되었음에도 정교한 사신도 벽화가 있다.

다카마스
고분 벽화

 명당 수맥 핵심 비결

 이상 간단히 살펴본 바와 같이 국내에서 당나라 이전부터 풍수학이 활용되었음을 알 수 있으며 당시 풍수는 불교의 전래와 관계가 있었을 것으로 추측할 수 있다. 그러나 신라 말부터 고려 초의 시기에 당시 당나라에 유행하던 《장서》·《감룡경》·《의룡경》 등이 입수되었으므로 후인들에 의해 "도선…운운"하는 설이 생겨났을 것이다.

도선국사

 그러나 도선은 뛰어난 안목을 지녔던 인물로서 한반도 지형이 서쪽으로 기운 경동지괴(傾動地塊)의 형태에 가깝다는 것을 파악했으며 도읍지는 동남으로 치우친 경주보다 중부지방이 적합하다고 주장했다. 그는 수목이나 가산·사탑(寺塔) 등으로 지세와 조화해야 한다는 비보론을 주장했는데 그의 설은 비보풍수의 장을 열었으며 고려 개국에 영향을 미쳐 왕건의 〈훈요십조〉 4개 조목에 이와 관련된 내용이 담겨있다.

 조선시기 풍수에 해박했던 인물로는 승려 무학과 정도전을 들 수 있다. 이들은 조선의 건국뿐만 아니라 수도의 택지(擇地)·경복궁 건설·정치에도 관여했다. 한양 천도는 이성계가 이들의 주장을 받아들여 민심과 왕조의 안정을 도모하기 위한 결단이었다.

조선은 유교이념으로 통치되었으므로 효사상에 기인하여 음택론이 크게 발달하고 그에 따른 폐해도 만연하였다. 조선 말기에는 관상소를 두고 천문·지리·역법 등을 주관하며 왕실의 능묘나 건축·인사에 자문토록 했으므로 인상학을 '관상'이라고 하고 풍수지리를 담당하는 관원을 '지관'이라고 부르게 되었다.

무학대사

일제 강점기와 해방 후 급격한 서양문화의 유입으로 인해 동양학을 배척하는 풍조가 한동안 지속 됨으로 풍수학은 위기를 맞게 되었다.
그러나 6.25전쟁 이후 이승만 대통령이 지창룡(1922-1999)으로 하여금 서울 동작동 국군묘지(현 서울국립현충원)를 잡도록 하고 박정희 대통령이 대전 정부종합청사와 계룡대·제 2현충원

명당 수맥 핵심 비결

지창룡 박사

터를 잡도록 하는 등 이른바 '좋은 터'에 대한 관심이 고조되면서 풍수학이 다시 부흥되었다. 현재는 화장문화가 대세를 이루면서 음택보다 양택에 관심이 높아져 아파트나 빌딩·공장부지·상가 등의 선정에 풍수학이 활용되는 실정이다.

풍수학의 현대적 정의

현대의 풍수학은 이전의 풍수학과 달라야 한다. 이전의 풍수학이 묘자리를 잡는 음택법이 중심이었다면, 현대의 풍수학은 살아있는 사람을 위한 양택법이 위주가 되어야 한다.

아파트나 주택·사업장·점포 등 생활에 도움이 되는 학문이어야 한다. 따라서 필자는 풍수학을 '자연을 인간에게 유익하게 활용하는 학문'이라고 정의하고 있다. 'O방향의 내룡에는 O방향에 물이 있어야 하고, 그 효과가 어떻다.'는 식의 공식적이고 미신적 개념을 걷어내고 과학적이고 친환

경적으로 생활에 유익하게 풍수학을 운용하고 있다.

풍수학 용어

풍수학에서 쓰이는 용어들

한국·중국·일본과 기타 동양권의 풍수학에서는 공통으로 쓰이는 용어가 있다. 흔히 용·혈·사·수만을 논하는 사람들도 있지만, 전문가가 아니라도 풍수에 관심이 있는 독자라면 알아두어야 할 용어들을 소개한다.

1) **용(龍)**: 산맥이다. 풍수학에서는 생기가 따라 내려오는 산맥으로 용과 같이 구불구불하고 기복이 있다 해서 붙여진 이름이다. 흔히 내룡(來龍)이라고 하며 생기 맥이 따라 내려

온다. 산룡이라고도 한다. 《금낭경》에 '내룡의 형세는 만마(萬馬)가 달리듯 하늘로부터 내려오고, 형상은 도롱이를 입은 듯, 언덕 가운데 우뚝 선 듯 내룡이 멈추어야 한다(勢如萬馬, 自天而下. 形如負扆, 有壟中峙세여만마, 자천이하. 형여부의, 유롱중치)'라고 한 것처럼 먼 곳의 높은 산으로부터 첩첩이 내려오고 좌우의 산이 둘러싸고 내려와야 한다.

2) **혈(穴)**: 생기가 용을 따라 내려와 맺힌 곳으로 음양택의 핵심을 이루는 지점이다. 일반적으로 명당이라고 하며 고대로부터 지대가 높은 곳은 음택지로 지대가 낮은 곳은 양택지로 쓰였다.

3) **사(砂)**: 혈의 좌우 언덕이나 산맥을 말한다. 좌측의 청룡·우측의 백호도 사에 포함된다.

4) **수(水)**: 혈 주위에 있는 물을 말하며 실제로 물이 흐르지 않더라도 비가 왔을 때 흘러내려 갈 수 있는 도랑 형태의 낮은 지형을 이르기도 한다. 수룡이라고도 한다.

5) 조산(祖山): 내룡이 발원한 혈의 뒷산이다. 혈 바로 뒤의 조산을 근조산이라고 하고 근조산의 뿌리가 되는 더 큰 뒷산을 태조산이라고 한다. 사신(四神:현무·주작·청룡·백호)으로는 현무(玄武)이다. 《금낭경》에 '현무는 머리를 수그려야 한다(玄武垂頭현무수두).'라고 한 것처럼 산봉우리가 다소곳하고 순탄하게 내려와야 한다.

6) 안산(案山): 혈의 앞산으로 주작(朱雀)에 해당하며 앞에서 봉황이나 난새가 날개를 펴고 날아오르는 듯해야 한다. 《금낭경》에 '주작은 날개를 펴고 날아오르는 듯해야 한다(朱雀翔舞주작상무).'라고 한 것처럼 혈을 감싸 안아야 한다.

7) 청룡(靑龍): 혈의 좌측 언덕 또는 산맥으로 좌측에 있다 하여 좌청룡으로 부른다. 혈 가까운

 명당 수맥 핵심 비결

곳에 있는 것은 내청룡, 내청룡의 바깥쪽에 있는 것을 외청룡이라고 한다. 《금낭경》에 '청룡은 꿈틀대며 길게 이어져야 한다(靑龍蜿蜒청룡완연).'라고 한 것처럼 구불구불 길게 이어져야 한다.

8) 백호(白虎): 혈 우측 언덕 또는 산맥으로 우측에 있다 하여 우백호라고 부른다. 혈 가까운 곳에 있는 것은 내백호, 바깥에 있는 것을 외백호라고 한다. 《금낭경》에 '백호는 길들어 순종하는 듯 머리를 숙여야 한다(白虎馴頫백호순부).'라고 한 것처럼 우측 산은 유순하고 부드러워야 한다.

9) 입수(入首): 내룡이 달려와 결혈되는 곳 바로 뒤쪽으로 마치 머리를 들이민 듯하다고 하여 붙여진 이름이다.

10) 좌향(坐向): 음택에서는 시신의 머리가 위치한 묘의 뒷자리를 좌, 시신의 발끝 방향을 향이라고 한다. 양택에서는 건물의 전면 또는 벽 전

체가 유리창으로 되어있는 방향이 향이 되고 그 반대 방향은 좌가 된다.

11) 기(氣): 땅에서 발하는 기로써 흔히 생기라고 한다. 내룡을 따라 내려오므로 기맥이라고도 하며, 기가 응결된 곳이 혈이다.

12) 명당(明堂): 명당은 두 가지의 뜻이 있다. 첫째는 흔히 혈을 일컫는 말이다. 둘째는 혈의 전면, 즉 음택에서는 혈과 안산 사이를 말하며, 양택에서는 집의 본채 전면을 말한다. 아파트나 빌라에서는 전면이 창으로 이루어진 거실의 전면을 말한다.

13) 분금(分金): 음택을 쓰거나 양택을 지을 때 세밀하게 방향을 정해 가장 길한 기운을 받는 방법이다. 360도를 24방으로 나누면 한 방향이 15도가 되는데 이것을 다시 5개 방향으로 나누어 그 가운데 세밀하게 방향을 잡는다.

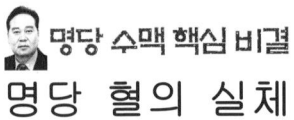 명당 수맥 핵심 비결

명당 혈의 실체

명당 혈이란 인간이나 동식물에게 유익한 파장이 발생하는 땅을 말한다. 고대로부터 명당사상이 존재해 왔음에도 명당의 개념은 막연하여 다만 긴 시간이 지난 후 해당 가문의 성쇠를 보고 그 집터나 조상의 묘가 명당에 있는지 또는 그렇지 않다고 추정해왔을 뿐이다. 그러나 필자는 명당의 형성을 다음과 같이 추정하고 있다.

1) 수십억 년 전 우주에는 대폭발인 빅뱅(big bang)이 있었다. 이때 발생한 덩어리와 먼지들은 우주 공간을 떠돌아다니다가 큰 덩어리들의 인력에 이끌려 모여들고 회전하면서 굳어졌는데 지구도 그 가운데 하나이다.
지구는 잦은 운석의 충돌로 인해 죽처럼 용해되고 이때 발생한 가스와 수증기는 지구의 외곽 대기권을 형성하게 되었다. 가스와 수증기는 다시 차갑게 식어 폭우로 내리게 되었으므로 지구는 물속에 잠기게 되고 화산활동과 지진·침식이 헤아릴 수 없이 반복되었다.

빅뱅과 운석의 충돌 그리고 현재의 지구

2) 지구는 옆으로 23.5도 기울어진 상태로 자전하며 태양의 주위를 공전해왔다. 자전 속도는 1/1.440RPM(1분간 1.440분의 1회전)일만큼 느리지만, 지구의 둘레는 약 40.000Km이며 24시간에 1회전 하므로 실제로는 우리가 시속 1.667Km의 빠른 속도로 달리고 있는 지점 위에서 사는 것이다.

지구는 북극에서는 N극으로 불리는 자장(Magnetic field)이, 남극에서는 S극으로 불리는 자장이 발산되고 있다. 이러한 지구의 회전은 마치 발전기 내부에서 영구자석이 돌고 있는 것과 같은 원리이므로 끊임없이 자장과 전하(Electric charge)가 발생하는데 전하는 주로 분포상태가 변하지 않는 정전하 상태로 존재한다.

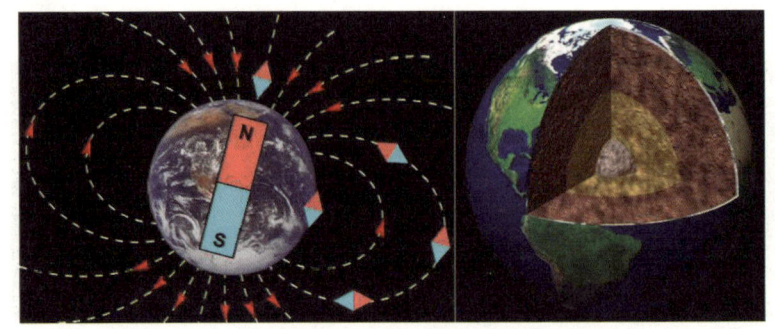

지구의 자장과 내부 추정도

전하의 양, 즉 전기량은 정전하 사이에 작용하는 힘(인력 또는 반발력)의 크기인데 그 분포에 따라 여러 가지 전기현상이 일어난다. 운석의 충돌·침수 등으로 마치 죽과 같은 상태로 용해된 지구의 표면들은 지구의 공전과 자전·전하와 자장의 작용·지구 내부의 활동 등에 이끌려 동질성을 지닌 물질들이 모여들고 점차 굳고 안정되어 서로 다른 토질을 형성하게 되었다. 금·은·니켈 등의 광물질이 맥상(脈狀)으로 존재하는 것은 이와 같은 원리이다.

3) 우주의 기를 음·양 에너지로 분류할 때 지표면 상공에 머물고 있는 기는 양성을 띤 에너지이며, 지구의 운동과 내부의 물리 화학적 작용 때

문에 끊임없이 지표면으로 발산되고 있는 에너지는 음성 에너지이다.

지표의 음성 에너지는 상공에 머무는 양성 에너지에 이끌려 지대가 높은 곳으로 모인다. 이것은 대전체와 가까운 면에 반대되는 전하가 나타나는 정전기 유도와 같은 이치로서 지표면을 넓게 차지하고 있는 고지대일수록 더욱 많은 에너지가 모이게 된다. 이때 지기 에너지가 모여드는 산을 풍수학에서 태조산(太祖山)이라고 한다.

이집트 등지의 피라미드는 높은 산이 없는 평지에서 지기를 모으기 위한 건축물이다.

4) 모여든 에너지는 맥을 따라 낮은 곳으로 흐르게 된다. 지기가 맥을 따라 흐르는 것도 전기장에서 전위(電位)가 높아지면 낮은 쪽으로 도체(전선)를 따라 흐르는 원리와 같은 것으로 에너지가 흐르는 도

피라미드는 지기를 모으기 위한 건축물

 명당 수맥 핵심 비결

선에 해당하는 맥을 용(龍)이라고 부른다. 도선이 길수록 전기가 소실되는 것처럼 용이 길어지면 지기 에너지도 소실(消失)된다. 그러나 용이 진행하는 중에 다시 산봉우리를 만나면 에너지가 더욱 충전되므로 중간에 많은 산을 거치며 달려온 용은 그만큼 많은 에너지가 흐르게 된다.

먼 곳의 큰 산에서 발원하고 거듭거듭 산을 만나 길게 이어진 용에 맺힌 혈이 생기를 더 많이 축적하고 있는 것은 이런 이유이다. 그러나 큰 산으로부터 출발한 용이라도 중간에 산을 거치지 않고 멀리 내려온 용은 품고 있는 에너지도 약하다.

5) 지기 에너지는 산맥뿐만 아니라 평지에 이어진 맥을 통해서도 흐르게 된다. 용이 내려와 혈이 맺힌 곳은 태초부터 정전하의 + - 분포가 중화를 이루므로 그에 이끌린 특수한 광물질들이 모이고 굳어졌는데 이것이 바로 혈, 즉 명당이다. 그 때문에 에너지가 발생하는 명당도 광맥처럼 폭과 길이가 있는 맥의 형태로 존재한다.

명당 탐지기 관룡자/심룡척으로 측정하여 혈을 찾으면, 혈은 대체로 지하 60센티에서 2m 사이에 있으며 포함된 광물질로 인해 혈토라고 불리는 특별한 색과 성질을 지닌 토질이 존재하는 곳이 많다. 혈토의 존재는 풍수지리학자가 아니라도 누구나 쉽게 육안으로 판별이 가능하다. 혈처에서는 인간에게 유익한 에너지가 발산되므로 음양택의 길지일 뿐만아니라 동식물의 생장과 발육·결실에도 탁월한 효과가 있는 유익한 지기를 끊임없이 발산하고 있다.

6) 혈의 토질은 일반 토질과는 다르다. 일반 토질은 많은 양의 철분을 함유하고 있으므로 주로 검붉은 색으로 산화되고 무르고 연약해 쉽게 물에 쓸리거나 무너지고 함몰되어 지형이 자주 변한다. 그러나 혈을 구성하고 있는 토질은 특정한 광물질이 다량 분포되어 있으므로 검붉게 산화되지 않고 견실하며 표토를 받쳐주는 힘이 강하므로 주변에 비해 다른 형태로 존재한다. 뿐만아니라 견고한 토질로 인해 물이 관통치 않으므로 장기간에 걸쳐 앞이나 옆의 연약한 토질로 물이 흐

명당 수맥 핵심 비결

명당 탐지기 관룡자와 황금색을 띤 혈토

르게 되어 지하수나 지표수 모두 혈맥의 좌우로 흐르게 되는데, 지표로 흐르는 물을 계수(界水)라고 하고 지하로 흐르는 물을 수맥이라고 한다.

명당 터 잡는법

준비물
1. 관룡자/심룡척
2. 수맥탐사봉
3. 나경

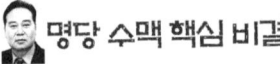 **명당 수맥 핵심 비결**

건물 입지 선정 시 주의할 점

1. 도로나 운동장 등으로 오랫동안 사용된 곳을 피한다

장기간 도로나 운동장으로 사용된 곳은 많은 사람의 에너지 흔적이 남겨진 곳이므로 일종의 감응이 발생한다. 이러한 곳에 집을 짓고 살면 잠자리가 편치 않고 우환과 질병이 많으며 가운이 쇠하게 된다.

2. 도살장·감옥·사형장 터를 피한다

도살장이나 감옥·사형장 등 흉한 장소에는 고통을 당하며 죽은 짐승이나 사람 또는 고통을 당하며 갇혀있는 사람들의 에너지가 대량 흩어지게 된다. 그러므로 이런 장소에 건물을 짓고 거주하게 되면 늘 집안이 무섭고 환영·환청이 들리고 흉한 일이 계속 발생한다.

그와 같이 길상하지 못한 곳 가운데 하나가 서울 종로구 공평동 101번지의 스탠다드차타드은행 터이다. 이곳은 조선조 의금부가 있던 곳으로 왕명에 의해 주로 왕족의 범죄와 국사범·반역죄 등과 자손의 부조(父祖)에 대한 죄·노비의 주인에 대한 죄 등 중죄인 강상죄를 범한 자를 조사하고 재판하던 곳이므로 길상한 이력이 없다.

스탠다드차타드와 종로 삼성타워

지세는 삼청동 계곡에서 발원한 물이 정독도서관(구 경기고등학교)을 싸고 흐른 후 청계천으로 흐르는 물길이다. 1955년 화신백화점이 이 터에 '신신백화점'을 건축했으나 실패하고 문을 닫았다. 1987년 제일은행이 이 터를 인수하여 본점을 신축했으나 쇠락하여 막대한 공적 자금 투입으로 재생하여 버티다가 2005년 스탠다드차타드 은행에 인수되었지만, 향후로도 이 터는 주인이 계속

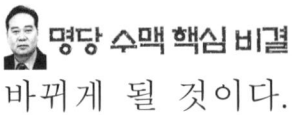 명당 수맥 핵심 비결

바뀌게 될 것이다.

3. 경찰서·군부대·병원·전쟁터를 피한다

  경찰서나 병영은 총칼로 살기가 등등한 곳이다. 또한 격전지는 사람들끼리 죽이고 죽임을 당한 원한이 맺힌 장소이며 병원도 고통을 당하는 사람들이 늘 모여 있던 장소이다. 이런 시설이 있던 곳에 건물을 지으면 늘 무섭고 환영과 환청이 들리며 흉한 일이 끊임없이 발생한다.

이러한 내용을 <조선일보> 2013년 6월 8일자 기사를 인용하여 살펴보자. 다음은 <조선일보> 내용을 <조선닷컴>에서 발췌한 것이다.

....

日 총리 공관의 유령 怪談… 그 뿌리 깊은 역사
아베가 입주 안 하면서 화제…유령 때문이라는 소문 파다 …1994년 하타 총리의 부인 "知人이 군복 입은 유령 봐
두려움에 떨었던 前총리들…사토, 승려 데려다 예불 …나카소네, 꾸준히 심야 기도 …고이즈미, 액땜 행사 열어

군국주의 시절 세워진 공관…당시 입주했던 총리 3명 쿠데타·테러에 피살 이후 32년간 빈집으로…
새 공관 지었지만 怪談 여전…2003년 철거, 2005년 완공 입주한 총리 7명 중 6명은 1년 남짓 일하고 옷 벗어

일본 총리 공관 전경

일본 총리 공관은 집무실인 관저(官邸)와 숙소인 공저(公邸)로 구분되는데, 괴담은 대개 총리가 심야에 머무는 옛 공저(1929~2003년)를 무대로 전개됐다. "심야에 발걸음 소리가 들린다, 군도(軍刀)가 흔들리는 소리가 들린다"는 소문은 예전부터 있었다. 하지만 실제로 "유령을 보았다"는 증언이 처음 나온 것은 1994년 일이다. 하타 당시 총리의 부인 야스코씨는 산케이신문 대담에서 말했다. "지인에게 부탁해 '액막이'를 했는데, 그 사람 말이 '(공저

정원에) 군복을 입은 사람이 많다'는 거예요."
…… 두 번째 목격담은 총리 본인에게서 나왔다. 2001년 주니치(中日)신문은 모리 당시 총리가 겪은 일을 이렇게 전했다. "손잡이가 달그락거리는 소리에 잠을 깼다. '누구냐' 하고 호통을 치자, 복도를 쿵쿵대면서 도망가는 소리가 들렸다. 문을 여니 아무도 없었다. 경비원 4명도 그날 밤 '군홧발 소리가 들렸다'고 증언했다. 며칠 뒤 또 소리가 들렸다. 이번엔 '곤방와(밤 인사). 또 오셨나요' 하고 점잖게 말했는데 역시 소리가 사라졌다."

예로부터 일본 총리에게 공저 입주(入住)는 즐거운 일이 아니었던 모양이다. 1968년 비어 있던 공저에 32년 만에 입주한 사토 총리는 이사하면서 승려를 데려다 법요를 열었다. 부인이 "공저에 들어가면 관에 실려 나온다는데…"란 소리를 들었기 때문이다.

1806일 동안 공저에서 생활한 나카소네 총리는 불단 앞에서 심야 기도를 올리는 일을 반복했고, 263일 동안 거주한 호소카와 총리는 유령이 나오지 않는다는 방에서만 잠을 청했다고 한다.

고이즈미 총리는 모리 총리의 경험담을 듣고 웃어넘겼지만, 이사 직전에 신사(神社)에 부탁해 '액막이'를 했다. 2000년 오부치 총리는 정성이 부족했는지 공저에서 쓰러져 끝내 깨어나지 못했다. 괴담의 무대인 옛 공저가 세워진 것은 일본이 군국주의로 달려가던 1929년이었다. 그곳에 살던 총리들은 군부 테러의 공포에 시달리다가 대부분 제명을 채우지 못했다.

새 공관의 첫 총리는 군부에 당한 스트레스 때문에 협심증으로 사망했고, 2대 총리는 우익 행동대원의 총에 맞아 앓다가 죽었다. 4대 총리는 공저 응접실에서 쿠데타군의 총을 맞고 절명했고, 5대 총리는 퇴임 후 역시 쿠데타군에게 피살됐다. 1936년 6대 총리는 매제(妹弟)가 쿠데타군에 대신 살해당하는 비운을 겪었다. 이때 난입한 쿠데타 주모자는 2명이 자살하고 18명이 사형당했다. 이후 32년 동안 공저는 빈집으로 남았다.

…"유령이 나온다"는 옛 공저 건물은 2003년 철거됐다. 2005년 새 공저 건물이 생겼지만, 괴담은 이어지고 있다. 지금까지 새 공저에 입주한 총리는

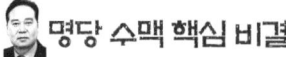

7명. 첫 주인 고이즈미 총리를 제외한 총리 6명이 1년 안팎의 단명 총리로 끝났다. 2006년 2대 주인을 경험한 아베 총리는 당시 소화기 계통 질병 때문에 고생하다가 366일 만에 총리직을 내던진 트라우마가 있다.

[출처] 본 기사는 조선닷컴에서 작성된 기사입니다.

4. 교회 사찰 사당 제각 성황당 터를 피한다

 이러한 장소들 또한 많은 사람이 모여 간절한 마음으로 기도하며 에너지의 흔적을 남긴 곳들이므로 건물을 지으면 거주자에게 좋지 않은 영향을 미친다.

5. 산정상이나 산등성이·계곡·고갯마루 등을 피한다

 산비탈이나 나지막한 산 정상에 건립된 아파트나 건물은 시계가 트이고 경관이 좋다는 이유로 더 비싸지만 실제로는 이 가운데 많은 건물이 적

산 정상의 아파트

합지 않은 장소에 지어진 것을 볼 수 있다. 대단지 조성을 위해 산을 깎고 계곡을 메워 지반층이 훼손되고 물길이 바뀌거나 늪지를 메워 자연환경이 바뀜으로써 좋지 않은 영향을 받게 된다.

어떤 아파트 단지는 거대한 석산을 수직으로 깎아내고 그 자리에 건물을 지었으므로 생기보다 냉기가 발생하는데, 이

산 계곡에 지은 대형건물

는 많은 아파트 가운데 한 예에 불과하다.
산정상이나 산등성이·고갯마루 등은 사방으로부터 불어오는 바람을 피할 수 없어서 생기가 모이지 않고 흩어지는 곳으로 장풍득수가 되지 않고 수법도 맞지 않아 좋지 않다.
계곡을 흙으로 돋우어 집을 짓는 수가 있는데 이

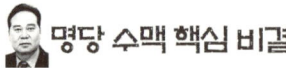

런 곳은 본래 산을 따라 흘러내리는 물이 지하를 통해 흐르는 거대한 수로 역할을 하는 곳으로 풍수학에서는 이런 물을 임배수(淋背水) 또는 명가수(鳴珂水)라고 한다. 이러한 곳은 처음 건물이 들어설 때는 아름다운 듯해도 시간이 지나면 점차 사람이 밖으로 나가게 되고 마침내는 집이 비워지게 된다.

고갯마루에 있는 주유소. 지은 지 몇 년 만에 문을 닫았다.

6. 우물·도랑·늪지·호수·진흙 논·바다 매립지를 피한다

우물은 옛날부터 사용해오던 것이 대부분으로 큰 수맥 위에 자리하고 있다. 큰 도랑은 메운 경우는 정상적으로 흘러야 할 물길을 막는 것이다. 우물이나 도랑·늪지·호수·바다를 매립한 곳에 건물을 지을 경우, 그 가운데 일부 지역이 분양되지 않거나 지반이 침하되고 벽에 금이 가는 것은 물론 거주자들이 잦은 질병과 고난에 시달리게 된다. 인천 송도의 일부 건물을 들 수 있고, 새로 조성되는 신도시 주변에 이러한 지역이 많다.

논을 메워 지은 집과 산 계곡에 지은 집

7. 바다나 강·하천·호숫가·저지대는 신중을 기한다

바다나 강·하천·호수와 근접한 곳도 경관이 좋다 하여 많은 사람이 주거나 업무시설로 선호하지만, 이들 가운데도 부적합한 지역이 많다. 거시적으로 살펴보면 이들 지역은 지반이 견고한 처녀지가 아니라 수천 년 흘러내린 토사가 쌓여 만들어진 땅이거나 또는 인공으로 매립된 매립지

명당 수맥 핵심 비결

이므로 생기가 발하지 않는 지역이다.

서울 동서울터미널 앞 강변테크노마트 주변과 동대문역사문화공원역의 라모도 쇼핑센터 등을 들 수 있다.

강변테크노마트 주변은 고대에 한강 변 저지대였으나 이후 한강 변을 매립해서 생겨난 지역이다.

동서울 테크노마트 주변

동대문디자인플라자는 서울 장안의 하수가 흘러나가 청계천으로 이어지던 거대한 수로 역할을 하던 곳을 매립하여 조선 말기 군대의 훈련장으로, 해방 이후 운동장으로 사용하던 곳으로 생기가 없는 곳이다. 길 건너 그와 나란히 서 있

라모도 쇼핑센터

는 라모도 쇼핑센터 또한 그 건물 뒤 을지로 7가

산동네 아래의 저지대를 매립한 땅이므로 생기가 부족하다.

서울 종로 낙원상가는 1969년 도로와 하천 위에 세워진 건물로 2-5층은 상가로 6-15층은 아파트로 사용되고 있다. 한때 부유층들이 사는 아파트였으나 현재는 안전문제를 진단받는 처지이다.

낙원상가

북악산과 감사원을 거쳐 내려온 용이 운현궁을 거쳐 탑골공원에 맺히는데 우측 물골이 헌법재판소와 현대사옥 사이의 도로를 거쳐 낙원상가에 이르고 청계천으로 이어진다. 즉 물 위에 기둥을 세우고 지은 건물이므로 길한 기운이 없다.

삼일빌딩은 1979년대 후반 청계천 삼일고가 옆에 준공된 31층 110m 높이로 한때 한국 최고(最高)의 건물로서 지방 촌로들의 서울관광 코스에

명당 수맥 핵심 비결

들어있던 건물이었다. 건물을 지었던 (주)삼미사는 프로야구 출범 당시인 1982년 '삼미슈퍼스타즈'라는 야구팀을 창단하는 등 번창하는 듯했지만, 이 건물을 지은 지 4년만인 1983년 사옥을 매각해야 했으며 1997년 법정관리를 신청했다. 삼일빌딩은 낙원동으로 내려오는 물과 청계천의 합수지점 변에 있으므로 터를 잘못 잡은 것이다.

삼일빌딩

구 국제그룹 사옥 주변은 남대문 밖과 남산 기슭에서 흐르는 물이 서울역 앞에서 합수되어 한강으로 나가는 수로 역할을 하는 지역이다. 국제그룹은 21개 계열사를 두며 재계 서열 7위에 올랐으나 1984년 이 건물 준공 1년 후인 1985년 주거래은행인 제일은행이 '국제그룹 정상화 방안'을 발표하고 그룹이 해체됐다.

여의도는 밤섬과 함께 서울의 계수인 한강의 물이 곧게 나아가지 않고 고이게 하는 섬으로 지세

63빌딩

와 국세가 모두 약하다. 장풍이 전혀 되지 않아 생기를 모두 산기 시킨다.

1985년 높이 264m의 63빌딩이 들어섰으나 본사인 대한생명과 함께 2002년 한화 그룹으로 매각되었다.

국회의사당과 여의도순복음교회 등도 국세는 작은 터에 지나치게 비대한 건물을 지은 상황에 해당한다.

국회의사당은 여의도 면적 80만 평의 1/8을 차지하는 10만 평의 대지에 1975년 8월에 준공된 동양 최대의 의사당

국회의사당

이다. 그러나 태평로에서 여의도로 이사한 후 연일 싸움만 하고 국민은 안중에 없는, 제구실하지 못하는 국회가 되었다.

 명당 수맥 핵심 비결

여의도순복음교회도 자연과 조화를 이루지 못하고 땅의 지기는 부족한데 지나치게 크게 건물을 지었을 때 빚어지는 역소도대(力小圖大)이다.

8. 지질과 토색에 주의한다

 산이나 평지의 암석은 인체의 뼈와 같고 흙은 살과 같으며 초목은 피부나 모발과 같다. 인체의 골과 육이 균형을 이루고 피부가 아름다우며 모발이 수려해야 하는 것처럼 땅도 골육이 균형을 이루고 초목이 무성해야 좋은 땅이다.
산의 암석이 화강암이나 현무암 같은 화성암으로 이루어져 있다면 그 지역의 지질이 견고하여 변형되지 않는 건강한 지질로 사람의 중·장년기에 해당한다. 그러나 사암·점판암·석회암·규토 등의 수성암이나 편마암으로 이루어졌다면 지질이 견고하지 못해 붕괴되거나 변형되는 수가 많으며 사람의 유년기에 해당하므로 어리다는 뜻을 붙여 눈산(嫩山)이라고 한다.

 산 정상 부위에 나무가 나지 않고 마치 대머리

처럼 벗겨지고 바위 부스러기들로 쌓여 있는 산은 지질이 이미 노년에 해당하므로 노산(老山)이라고 한다. 눈산은 지질이 어려 토질의 견고성이 부족하고 노산은 지나치게 강해 부서지는 것이므로 이런 지질들은 생기가 부족하다.

 택지의 흙은 황토가 제일 좋다. 고대로부터 황색은 모든 것이 중화를 이룬 색이며 천지현황(天地玄黃)의 말처럼 땅의 본색인 것이다. 다음으로 홍색을 띠는 홍토가 좋은데, 한국은 황토가 흔치 않고 홍토가 흔하며 홍토를 황토라고 부른다. 홍토 또한 음양이 조화를 이룬 흙이므로 길하다.

 흑색·청색·백색의 토질은 좋지 않다. 흑색의 토양은 수분이 많고 식물 등이 부식된 진흙으로 사람에게는 독성으로 작용한다. 이런 곳에 집을 짓고 살면 간이나 심장·신장병에 걸리기 쉽다. 청색의 흙은 유황이나 동·납 등의 중금속이 부식되어 나타난 색이므로 이런 곳에 집을 짓고 살면 그 독성에 서서히 감염되어 질병에 걸리거나 장수하기 어렵다.
 백색의 토질에는 석회질 함량이 많으므로 이러

명당 수맥 핵심 비결

한 곳에 오래 살면 뼈와 혈액·신경계통에 석회질의 영향을 받아 각종 질병에 걸리게 된다.

9. 교량·철교·철길·건물 모서리·높은 건물을 주의한다

집 앞을 고가도로가 막고 있다.

건물 전면 가까이에 높은 봉우리나 큰 바위·고층 건물·고압전주·주거지보다 높은 교량·철교·철길·건물의 모서리·높은 철망으로 둘러친 인도어 골프 연습장·교회 철탑·높은 안테나 등이 있는 것도 좋지 않고 담장을 지나치게 높이는 것도 좋지 않다. 건물을 누르는 것은 살기(殺氣)이며 담장이 높으면 기가 갇혀 유통되지 않기 때문이다.

10. 물이나 도로가 감싼 곳을 찾는다

물이나 도로가 감싸고 흐르는 지형이라야 양택지로 길하며 그와 반대의 지형은 흉하다는 것으로 그림을 곁들이면 다음과 같다.

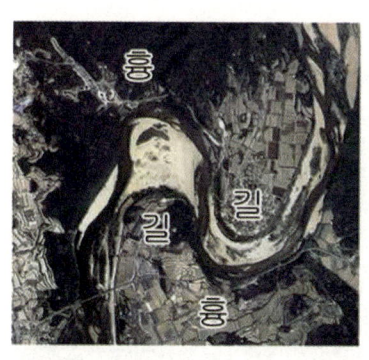

사진을 보면 물이 감싸고 흐르는 길한 지형과 그 건너 물이 등지고 나가는 흉한 지형이 표시되어 있는데 이는 안동의 낙동강 주변이다. 이 지역은 낙동강이 S자 형태로 흐르는데 상류로부터 병산서원·하회마을·화천서원이 물이 감싼 지역에 있고 이들 건물이나 동네가 모두 부유한 지역에 해당한다.

도로도 마찬가지이다. 도로가 둘러싼 지형은 물이 둘러싼 것과 같이 길하지만 도로가 등지고 나간 지역은 불길한 것으로 본다. 풍수지리에서는 지형에 따라서 도로를 물로 보거나 또는 용으로 보는데 평지의 도로는 흔히 물로 보기 때문이다. 사진은 도로가 물처럼 둘러싼 매우 길한 지역이다.

다음은 서울 종로의 삼일공원과 그 뒤편의 사진이다. 삼일공원은 고려시대 흥복사라는 큰 절이 있었으며 조선조 때는 원각사라는 절이 세워졌던 터로 도로가 등 그렇게 감싼 매우 길한 자리이다. 그러나 뒤편의 낙원동 일대와 파고다극장 부근은 도로가 등진 지역으로 좀처럼 번창하기 어려운 위치이다.

(좌) 삼일공원 (우) 막다른 길의 흉지

11. 건물의 방향을 억지로 정하지 않는다

고대로부터 한국은 집을 지을 때 남향 또는 동

남향 집을 많이 지었는데 그것은 남쪽이나 동쪽의 따뜻한 기온을 받기 위해서였다. 실제로 한국의 산맥은 백두산에서 발원한 마천령과 중강진에서 내려오는 낭림산맥이 금강산에서 합쳐져 백두대간이 된다.

백두대간은 인체의 척추와 같은 간맥(幹脈)이며 이로부터 중간 맥인 묘향·언진·마식령·차령·노령·소백산맥 등이 갈비뼈와 같은 형태로 서쪽을 향해 이어진다. 이들 산맥 사이에서 발원한 대동강·한강·금강·영산강 등이 서해로 흐르고 섬진강이 남해 광양만으로 흘러든다. 따라서 남향집을 지으면 자연스럽게 배산임수가 되는 경우가 많다.

실제로 한 지점에서 동서남북의 온기를 측정해 보면 북쪽이나 서쪽에 비해 남쪽과 동쪽의 온기가 강한 것을 느낄 수 있다.
늦가을이나 겨울철 사방이 트인 평지에 주차해놓은 다음 날 새벽 사방의 유리창을 살펴보면 이러한 현상을 분명히 알 수 있다. 남쪽이나 동쪽 유리창에는 성애가 없거나 엷게 낀 것에 비해 서쪽 유리에는 좀 더 두텁게 끼고 북쪽 유리에는 매우 두텁게 낀 것을 발견할 수 있는데, 이것은 같은 장소라도 사방의 양기가 다르기 때문이다. 따라서 한국에서는 남향이나 동남향 집이 적합하다.

한국의 모든 지대에서 남향집이나 동남향 집을 지을 수 있는 것은 아니다. 만약 산의 북쪽에 집을 짓는다면 남향이 아니라 북향이나 서북·동북향으로 집을 짓는 것이 적합한데 그것이 자연과 조화를 이루기도 하지만 산맥을 따라 내려오는 생기를 받는 방법이기 때문이다. 특히 남쪽에 산이 있고 북쪽에 고층 아파트를 지을 때 억지로 남향을 짓는 것은 생기를 거역하는 것이므로 주의해야 한다.

12. 묘지는 시신 처리를 확실히 해야 한다

공동묘지 등을 개발하여 택지화했을 경우, 지하에 시신이 매몰되어 있지 않도록 지면을 충분히 깎아내야 한다. 그렇지 않고 그 위에 집을 지으면 집안이 늘 무섭고 허상이 보이며 흉한 일과 질병이 많고 특히 정신이 불안한 사람이 나타나게 된다.

13. 농작물을 갈아엎지 않는다

 토지에 농작물이 있을 때는 결실되어 수확한 후에 공사를 시작해야 한다. 농작물이란 사람이 생명을 지탱키 위해 심고 가꾼 것이므로 내부에 사람의 정성이 깃들어 있는 것이다. 따라서 결실되기 이전에 농작물을 갈아엎으면 그것을 가꾼 사람의 노력이 묻힐 뿐만 아니라 농작물이 꽃피거나 결실되지 못한 채 지하에 매장된다. 이것은 仁을 해치는 행위이므로 그 위에 집을 짓고 사는 사람의 운이 꽃처럼 피어날 수 없는 것이다.

14. 나무뿌리 등을 깨끗이 제거한다

 건물을 지을 때 지하에 나무뿌리를 모두 제거해야 한다. 그렇지 않고 그 위에 건물을 지으면 생명력을 지닌 물체를 매장하여 죽이는 것이므로 좋지 않다.

15. 땅을 돋울 때 깨끗한 흙을 사용한다

택지가 낮아 흙을 돋울 때 흔히 건재상 등에 주문하게 되는데, 이때 반드시 깨끗한 흙인지를 확인해야 한다. 혹시 흙 속에 쓰레기가 섞여 있다면 불결하고 시간이 지나면서 점차 흙이 땅속으로 꺼져 들어가 건물이 기울어질 가능성이 있다. 또한 그 속에 버려진 애완동물 등 작은 동물의 뼈가 섞이게 된다. 이런 흙으로 돋운 곳에 집을 지으면 잠자리가 편치 않고 질병이 많게 된다.

광희동 동훈빌딩과 마포구 성산동 (주)중보 사옥. 필자가 자문한 건물들로 크게 발전하고 있다.

16. 수맥을 피하고 명당 혈을 찾는다

제대로 위치가 정해졌다면, 수맥탐사봉으로 수맥을 피하고 관룡자·심룡척으로 혈이 들어오는지를 살핀다. 혈이 내려왔으며 집의 중앙을 혈에 일직선으로 맞추거나 안방에 맞춘다. 건물은 혈이 직선으로 진행할 때 지대가 낮은 방향을 전면으로 정한다.

17. 조경을 함부로 하지 않는다

집 부근에 소나무·대추나무·모과나무·앵두·대나무를 심는 것은 괜찮지만 이런 나무들도 정면에는 심지 않고 옆이나 집 뒤에 있어야 한다. 주택 전면에 큰 나무나 고목·수령이 오랜 나무·유실수·아카시아 등의 가시나무가 있어도  좋지 않다. 특히 집 부근에 은행나무나 느티나무는 절대 심어서는 안 된다. 이 나무들이 자라서 그 그늘이 드리울 때가 되면 부근에 사람이 살지 않게 되고 마침내 동네가 폐허가 되어 버리는 수가 많다.

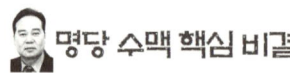 **명당 수맥 핵심 비결**

집 살 때 주의할 점

현대는 옛날과 달리 이미 지어진 주택을 분양받거나 사는 수가 많다. 특히 대단지의 고층 아파트는 택지 전체를 평탄 작업한 후 건물을 지으므로 어떤 주택이 좋은지 알 수가 없고, 주택이나 점포·사업용 건물도 마찬가지이다.

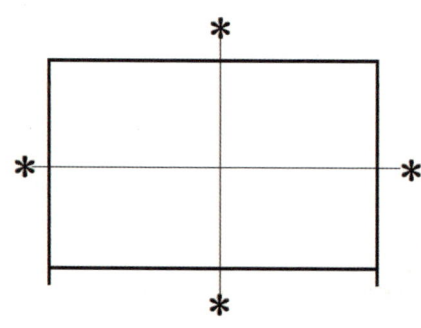
건물 밖 앞뒤를 측정해서 평가한다.

집이나 건물을 사거나 임차하려 할 때는 관룡자/심룡척으로 건물 밖에서 측정한다.

아파트는 전면과 후면 밖에서 측정하는데, 아래층에서 작동하면 그 위로는 모두 명당 혈 기운이 통한다.

건물은 밖에서 측정한다.

예를 들어, 모 아파트 A동 103호 앞과 뒤를 관룡자/심룡척으로 측정한 결과 작동이 되면, 103호는 내부로 들어가지 않아도 명당 혈이 있음을 알 수 있고, 그 위의 203호·303호·403호…4003호까지 모두 명당 기운이 작용하므로 길한 주택이다.

수맥 측정도 마찬가지이다. 아래층 집 앞뒤에서 수맥탐사봉으로 수맥이 감지되었다면, 그 위의 모든 집은 수맥파가 미친다. 점포나 사업용 건물도 마찬가지이다. 건물 앞뒤와 좌우를 측정하면 그 건물이 좋은 터에 있는지, 혹은 수맥 위에 있는지를 알 수 있다.

이렇게 반론하는 사람도 있다. "지면에서 높이 올라간 건물에 그런 작용이 미치겠느냐?"라고. 그러나 그렇지 않다. 필자가 수년 전 63빌딩 57층에서 관룡자와 수맥탐사봉으로 측정해본 결과 지면과 다르지 않게 작동하는 것을 확인했다.
 1백 층 건물이라 해도 높이는 5백 미터에 불과하지만, 지구 지름은 1만 4천 킬로미터이다. 5백

명당 수맥 핵심 비결

미터쯤은 마치 귤껍질에 붙어있는 작은 먼지만도 못한 것이다.

　지구 중심에서 나오는 氣에 관한 예로 북대서양 북미와 남미 사이 부근의 버뮤다 삼각지대 (Bermuda Triangle)를 들 수 있다. 이 삼각지대 안에서는 어떤 이유에서인지 선박과 항공기의 실종이 자주 일어나지만, 잔해나 탑승자들의 유해, 유품이 전혀 발견되지 않으므로 '마의 삼각지대' 라고 불린다. 이것도 지구 내부에서 나오는 기운에 의한 것인데, 명당 혈의 기운이나 수맥파도 이처럼 수십 킬로미터 상공까지 작용한다.

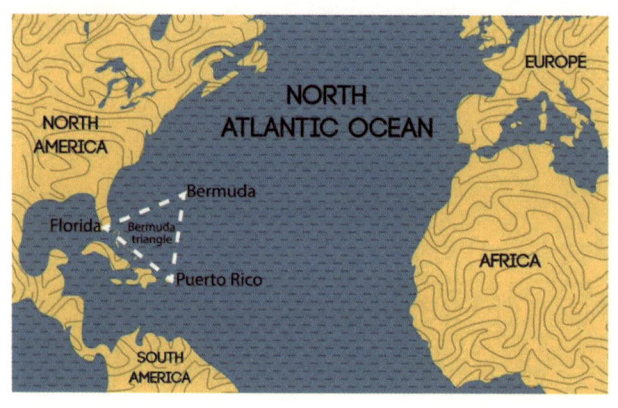

명당찾기 수맥측정 핵심비결

음택을 정하거나 감정할 때

1. 조산과 내룡을 살핀다

　먼저 산의 국세가 어떤지를 눈으로 판별한다. 특히 조산으로부터 힘차게 구불구불 뻗어 내려온 용이라면 대부분 그 끝에 생기가 맺혀 명당혈이 이루어져 있다. 이를 잘 살피지 않고 일직선으로 뻗은 등성이나 칼끝처럼 뾰족하거나 얇은 능선, 산과 산 사이의 거대한 계곡에 부토가 쌓인 곳을 명당이라고 오인하는 경우가 있다. 가장 주의해야 할 점이다.

 명당 수맥 핵심 비결

2. 안산을 살핀다

 다음으로 앞의 안산이 어떤 형태를 하고 있는지 살핀다. 앞을 아름답게 감싼 산, 다소곳하게 절하는 듯 또는 병풍처럼 둘러싼 산, 마치 봉황이 날개를 펴고 춤을 추며 오르는 듯한 산이 앞에 있다면 매우 길하다.

반기문 유엔사무총장 선영에서 바라본 안산

 그러나 찔러 들어오는 듯한 산이나 주먹을 치켜든 듯한 산, 일직선으로 나가는 물 등이 앞에 있다면 쓸 수 없는 곳이다.

3. 청룡과 백호를 살핀다

좌측의 청룡 우측의 백호가 마치 양팔처럼 잘

(좌)우측 백호가 주먹을 쥔듯 한 그림. (우)청룡 백호가 감싸지 않아 전면이 개울처럼 열려 기가 쓸려 나간다(경북 영주).

감싸고 있어야 한다. 청룡이나 백호가 감싸지 않고 밖으로 열려 있거나, 등을 돌린 듯하거나, 청룡 백호가 주먹을 불끈 쥔 듯하면 쓸 수 없다.

4. 계수를 살핀다

혈처의 양쪽 옆 계곡에서 발원하여 혈처의 앞에서 서로 합쳐져 측면으로 흘러나가야 내룡을 타고 내려오던 생기가 멈추어 명당을 이루게 되므로 이를 계수(界水)라고 한다. 실제 물이 흐르지 않더라도 비가 왔을 때 물이 흐르게 될 도랑도 이에 해당한다.

물이 앞에서 합쳐지지 않고 청룡과 백호를 각각 감싸고 흐른다면 생기가 맺히지 못하므로 쓸 수 없는 자리이다.

5. 관룡자/ 심룡척으로 생기를 측정 한다

위와 같이 주위의 국세를 갖추었더라도 막상 혈이 맺힌 곳을 찾기란 쉬운 일이 아니다. 관룡자(심룡척)를 사용하여 생기맥이 흐르는 지를 측정 한다. 이때 관룡자를 한 손에 들고 산의 옆 방향으로 진행하다가 이 기구가 회전하면 그곳에 표시를 하고 다시 상하2m 간격으로 옆으로 진행하며 회전지점을 표시한다. 회전지점을 연결하면 생기맥이 흐르는 결혈처, 명당이다.

명당찾기 수맥측정 핵심비결

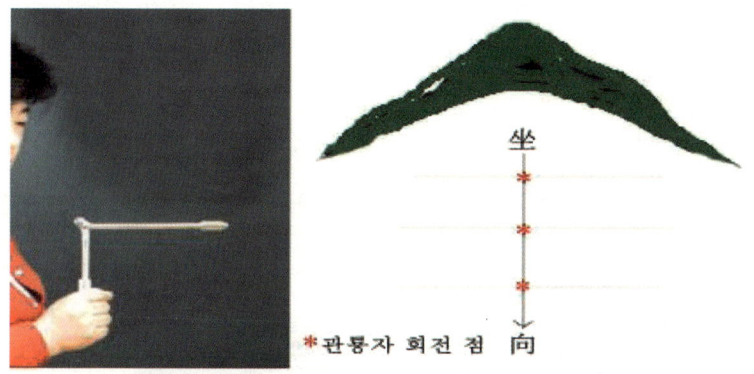

관룡자 / 심룡척으로 명당혈을 찾는 방법

6. 수맥탐사봉으로 근처 수맥을 측정한다

관룡자로 측정한 명당혈에는 절대로 수맥이 없다. 그러나 그 양쪽 옆으로는 반드시 수맥이 혈을 감싸고 내려온다. 명당혈을 수맥이 함께 싸고 내려오는 이유는 땅속으로 바람이 들어가 생기가 흩어지는 것을 막아 주어야만 명당혈이 이룩되기 때문이다. 그러므로 명당혈이 크고 넓으면 양쪽의 수맥도 그만큼 멀리 있고 수량(水量)도 많으며, 혈이 작고 좁으면 수맥도 가깝고 수량이 적은 것이다. 이것을 모르면 작업 시에 옆의 수맥을 터뜨려 물바다가 될 수 있으므로 미리 측정하

명당 수맥 핵심 비결

여 땅 위에 표시하고 작업 시에 건드리지 않도록 주의한다. 특히 자리를 잘못 잡으면 주택이나 산소를 명당혈 옆의 수맥에 앉히게 되므로 주의해야 한다.

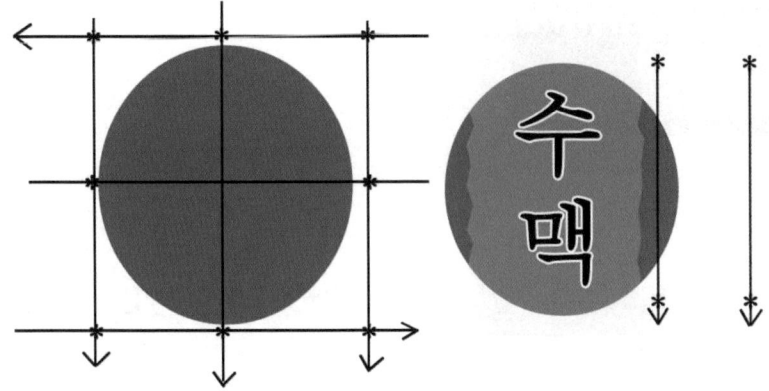

*표는 관룡자가 작동된 지점. 좌측은 묘가 ┼자 안에 들어간 명당이며, 우측은 명당 혈을 벗어나 수맥 위에 묘를 쓴 것이다.

7. 나경을 사용하여 수법과 분금을 맞춘다

관룡자/심룡척이 회전하는 지점을 연결하면 혈처 뿐만 아니라 좌향이 결정된다. 다음으로 나경을 사용하여 수법과 분금이 맞는지를 확인한다.

명당찾기 수맥측정 핵심비결

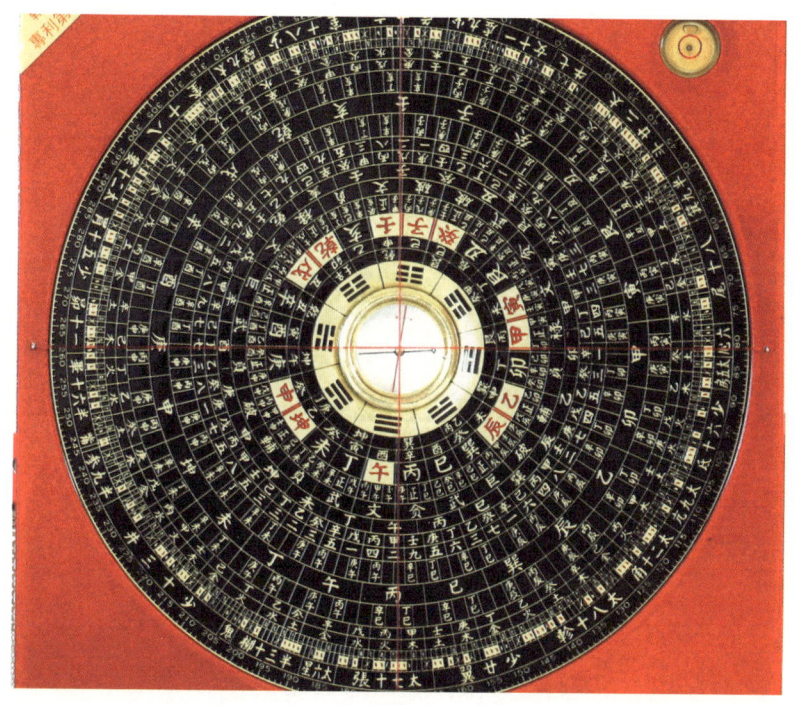

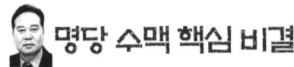 명당 수맥 핵심 비결

수맥 측정과 차단법

명당찾기 수맥측정 핵심비결

수맥과 영향

 지하에 수맥이 흐르는 곳에 사람이 살거나 묘를 쓰면 크게 해롭다는 것은 이미 널리 알려진 사실이다. 수맥에 대한 문제를 국내에서 최초로 제기한 사람은 임응승 신부(1923-2015)이다. 그는 이미 1970년대 수맥의 존재와 그 피해 사례를 설명하였는데 그 후 많은 사람에 의해 수맥에 대한 연구가 이루어지고 그 피해를 줄이는 갖가지 방법이 제기되었다. 그렇다면 수맥은 어떤 방법으로 파악하고 그 피해는 어떻게 예방할 수 있는지를 살펴본다.

수맥이란?

 수맥이란 지하에서 지층을 따라 맥상(脈狀: 띠처럼)으로 흐르는 지하수를 말하며 크게 피압지하수와 자유지하수로 나뉜다. 지하수는 눈비 등 천수(天水)로부터 만들어지며 지하에 스며든 천수는 암석의 표면에 엉기어 피막을 형성하고 피

막이 점점 두꺼워지면 물이 고여 낮은 곳으로 흐르게 된다. 흔히 산 계곡이나 시내에서 상류에 흐르던 물이 지하로 스며들었다가 몇백 미터 아래에서 다시 지표면으로 분출하여 흐르는 경우를 보게 되는데 바닥이 자갈이나 모래로 이루어진 강이나 하천에서는 이처럼 물이 스며들어 지하수가 생성되기도 한다.

이처럼 스며든 물이나 빗물이 수면과 압력이 높아지면 이 지하수에 연결된 지층으로 흐르게 되는데 이것이 바로 수맥이다. 수맥은 흐르면서

백두산 천지와 한라산 백록담

지질에 함유된 성분을 용해시켜 나트륨·칼륨·칼슘·마그네슘·황산·철·탄산수소나트륨·규산 등을 포함하고 있다. 그러므로 이동 경로가 길면 각종 광물질이 많이 용해되므로 미네랄의 양도 그만큼 증가한다.

원래 빗물은 약산성이지만 이처럼 용해된 미네랄로 인해 수소이온 농도가 알칼리성으로 변하고 산소는 적게 함유된다. 그러므로 약수가 인체에 이로운 미네랄을 다량으로 함유하고 있는 물이지만 방금 뽑아 올린 지하수를 어항에 보충하면 물고기가 죽게 되는 것은 이처럼 산소가 부족하기 때문이다.

수맥파란?

고여 있는 물과 달리 수맥에서는 파장이 발생하는데 이 파장이 수맥파이다. 수맥파는 불규칙한 파장으로 지상 수백 미터 상공에서도 감지되며 인체나 동식물에 해로운 영향을 미치는 것은 물론 심지어 광물까지도 영향을 미친다.
필자의 관찰에 의하면 수맥파는 불규칙한 물의 흐름과 이에 용해된 미네랄의 작용으로 인해 불규칙적 파장이 발생하고 이 불규칙한 파장이 인체나 동식물·광물에게 마치 작은 망치로 불규칙적으로 가격하는 듯한 충격을 주는 것으로 판단

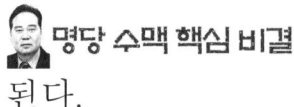 명당 수맥 핵심 비결

된다.

 주택의 거실이나 방바닥 아래 설치된 난방용 보일러 파이프 안에는 끊임없이 물이 흐르고 있지만 인체에 크게 영향을 미치지 않는 것은 파이프 속에 흐르는 물의 수량이 적고 거의 규칙적으로 흐르기 때문인 것으로 생각된다.

수맥이 미치는 영향

 수맥이 인체와 동식물·광물에 미치는 영향은 결코 적지 않지만 대부분 해로운 영향뿐이다. 인체나 동물에게는 뼈와 장기·혈액순환에 심한 타격을 주고 사체의 유골을 급속히 삭힌다.

 충남 예산에서 교육장을 역임하신 김선생님의 <월간역학> 2002년10월호 기고에 의하면 자신이 중풍으로 쓰러졌는데 '선배 한 분이 수맥탐사봉과 명당에서 발산되는 지기를 탐지하는 기구인 관룡자를 가지고 오셔서 안방의 아랫목을 측정하자 수맥이 감지되었다. 관룡자로 측정하자 윗목에서 명당의 생기가 발견되었다. 가구를 치우고 그곳에 자리를 펴고 누웠다. 몇 달이 지나자 기적이 일어났다. 손발이 움직이고 외출 등산도 하고…병이 나았다…(중략)'라고 하였는데, 이는 수맥이 혈관과 혈행에 해롭게 작용함을 보여주는 한 예이다.

수맥은 동식물의 생장발육을 저하하기도 한다. 축산농가에서의 일이다. 두 축사 가운데 한쪽 축사에서는 이상하게 임돈(妊豚)의 사산이 잦았다. 수맥탐사봉으로 측정한 결과 지하에 수맥이 흐르는 것을 발견하고 관룡자로 지기를 측정하여 축사를 옮긴 후부터 사산이 사라졌다.

김선생님은 은행나무 농장을 경영하는 분이다. 은행나무 묘목밭 가운데 일직선으로 묘목이 말라죽었다. 관룡자와 수맥탐사봉으로 묘목밭을 측정해보았다. 묘목이 일직선으로 말라죽은 곳은 모두 수맥이 흐르고 있었다.
관룡자가 작동되는 지점을 찾아 묘목을 옮겨 심었는데 이듬해 가을 수령 2년생 은행나무들에 거

관룡자로 찾은 자리에 심은 2년생 은행나무. 아래의 보통 은행에 비해 열매가 3배 크다.

의 호두알 크기에 가까운 은행이 30-70개씩 주렁주렁 열렸다.

수맥파는 광물질이나 땅에도 작용하며 대개 깨뜨리거나 무너뜨리는 작용을 한다. 낡은 구옥의 지붕이나 벽·담장이 무너진 곳을 측정하면 대부분 지하에 수맥이 흐르는 것을 발견하게 된다.

방바닥이나 벽에 금이 간 곳, 특별한 이유 없이 전자제품의 고장이 잦은 집에도 틀림없이 지하에 수맥이 있는 것을 발견하게 된다.

산에 있는 바위의 모양으로 보아 옛날에는 하나였던 것으로 추정되지만 지금은 조금 넓게 두 쪽으로 나뉘어있는 경우도 그 중간에서 수맥이 발견되는 수가 많다. 이것은 어느 날 수맥의 진로가 변경되어 흐르기 시작하고 오랜 시일이 지남에 따라 수맥파에 의해 그렇게 된 것이다. 논이나 밭·산 등에서 지표면이 침몰한 경우나 바위

조각들로 뒤덮인 산도 틀림없이 지하에 거대한 수맥이 흐른다.

서울 대형 쇼핑센터의 화장실. 수맥 위에 건물이 있으므로 벽에 녹이 슬고 균열이 시작됐다.

일상에서 느낄 수 있는 증상

 특별한 질병이 없는데도 항상 머리가 무겁고 몸이 찌뿌듯하거나 온 가족이 돌아가며 감기 같은 잔병치레하고, 아침에 잠에서 깨어나도 눈을 뜨기가 불편하며, 누워있을 때 몸이 아래로 가라앉는 느낌이 든다. 컴퓨터나 전자제품·정밀기기·의료기구 등의 고장이 잦거나 개미가 많은 집, 창가에 놓은 화분의 화초가 잘 자라지 않고 자주 죽으며 가축이 잘 자라지 않는 등 상서롭지 않은 일이 잦다면 일단 지하에 수맥이 흐른다고 의심

해봐야 한다.

산소의 흙이 자주 무너지거나 잔디가 잘 자라지 않고 이끼가 자라고 음습한 느낌이 든다면 역시 수맥을 의심해봐야 한다.
임응승 신부의 견해에 따르면 '산소 지하에 수맥이 흐르면 유골이 빨리 삭고 불에 그슬린 듯 검게 타며 후손에게 흉한 일이 발생한다.'라고 했는데 이미 많은 사람에 의해 이러한 사실이 입증되었다.

명당 혈과 수맥 관계

명당 혈과 수맥은 서로 분리될 수 없는 관계이다. 명당 혈이 중앙에 있으면 그 양옆으로는 반드시 수맥이 있다. 이것은 인공적인 것이 아니라 지구가 만들어질 때 그렇게 된 것이다. 수맥은 지하로 바람 기운이 들어가 명당 혈을 산기(散氣) 시키는 것을 막아 주는 작용을 한다. 따라서 명당 혈 옆에는 반드시 수맥이 있고, 명당 혈이 크고 넓으면 수맥도 멀리 떨어져 크고 넓고 강하

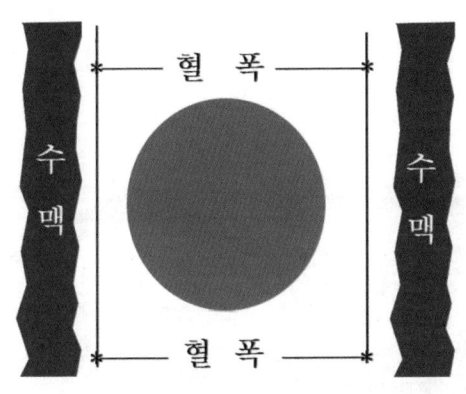

게 있다. 그러나 명당 혈이 좁으면 수맥도 가까이 있고 좁고 약하다.

명당 혈 양쪽으로는 반드시 수맥이 있다.

수맥 측정법

　지하의 수맥으로부터 발생하는 파장은 주로 구리(동)에 가장 잘 적응한다. 따라서 구리나 놋쇠로 만들어진 ㄱ자형 봉이나 철사 2개를 준비하여 양손에 하나씩 잡고 걸어가면 지하에 수맥이 흐르는 곳에서는 양쪽 손의 구리철사가 X자형으로 교차되고 수맥이 끝나는 지점에서는 다시 원래의 모양대로 떨어져 평행을 이룬다. 또는 다우징이라고 불리는 추를 한손에 들고 조심스럽게 걸어가면 지하에 수맥이 흐르는 곳에서는 추가 이끌리는 느낌이 들고 그 장소에 멈춰있으면 추가 원

명당 수맥 핵심 비결

을 그리며 흔들린다. 그러나 추는 자신의 암시에 따라 움직이는 수도 있으므로 권하지 않는다.

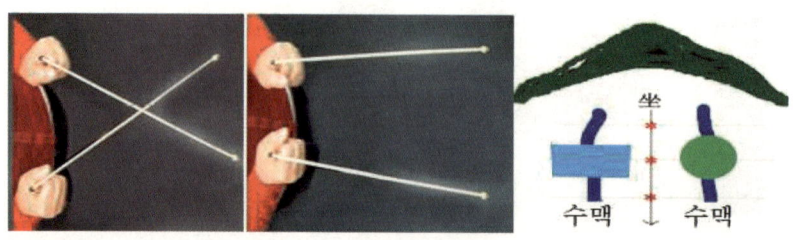

(좌)수맥봉이 교차하면 지하에 수맥이 있다. (중)수맥이 없는 곳에서는 수맥봉이 평행을 이룬다. (우)명당혈 옆 수맥에 자리한 건물과 묘.

시중에 여러 형태의 수맥탐사봉이 판매되고 있지만 가장 정확한 것은 동이나 놋쇠로 만들어진 것이다. 흔히 편리하다 하여 안테나 형태로 뽑아서 사용하는 수맥탐사봉도 있지만 이 가운데 많은 제품이 동보다 철을 더 많이 함유하고 있으므로 정확하지 않은 경우가 많다. 주의하여 선택해야 한다.

명당찾기 수맥측정 핵심비결

수맥탐사봉으로 우물 찾기

우물을 파기 위해 필자가 수맥탐사봉으로 수맥을 찾고 있다.

필자는 시골에 2천여 평의 농장을 가지고 있는데, 그 지역은 산이 높고 물이 귀하다. 아랫집 과수원과 옆 과수원에서 샘을 파기 위해 '대공'을 뚫었는데, 150미터 가까이 파 내려갔지만 모두 물을 찾지 못하고 실패했다.

2021년 가을 필자는 '월간역학 수맥탐사봉'으로 측정하여 수맥이 있다고 생각되는 곳을 굴착하기로 했다. 그러나 샘을 파는 업체 사장님이 "그 동네는 물이 안 나오니 파지 않겠다."고 했다. 필자는 "물이 나오지 않더라도 비용을 지불하

수맥삼사봉으로 찾은 곳에서 우물이 나왔다.

겠다."고하고 작업을 시작했는데, 아침부터 굴착을 시작해서 오후 4시쯤 45미터 지하에서 수맥을 발견하여 우물을 파는 데 성공했다.

수맥파 차단법

지하에 수맥이 흐르는 곳의 지표면 위에 두께 0.1mm 이상의 동판을 깔면 수맥파가 차단된다. 그러나 아파트나 고층건물은 1층에 동판을 깔면 1층은 수맥파가 차단되지만 2층부터 다시 수맥파가 복원되므로 각 층마다 동판을 깔아야 한다. 동판은 보통 장판을 걷고 동판을 깐 후 다시 장판을 덮으면 되고 거실은 마루 위에 동판을 깔고 그 위에 카펫이나 모노륨 종류를 덮으면 된다.

동판은 벽지처럼 말려있다

동판은 서울의 경우 청계천 등지의 동제품을 판

명당찾기 수맥측정 핵심비결

매하는 곳에서 쉽게 구할 수 있으며 동판은 마치 벽지처럼 두루마리로 말려 있으므로 폭 60센티 동판을 구입하여 원하는 장소에 알맞게 가위로 잘라 펴놓으면 바닥에 착 달라붙는다. 어떤 분들은 동판이 두꺼워야 좋은 줄 알고 0.3mm 이상의 동판을 까는 수도 있는데, 동판이 두꺼우면 바닥의 열기를 차단하여 겨울에 매우 춥다. 0.1mm 동판만으로도 수맥파를 차단하기에 족하니 주의해야 한다.

동판을 깔 때는 동판과 동판 사이에 틈이 생기지 않도록 2장의 동판 사이를 약 2센티 이상 서로 겹쳐 깔고 테이프로 붙

침대 매트리스를 들어내고 동판을 깐다. 동판 사이가 벌어지면 안된다

여 고정시킨다. 그렇지 않고 동판 사이가 뜨면

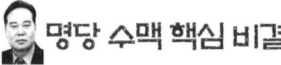 명당 수맥 핵심 비결

그곳으로 수맥파가 강하게 몰려 올라오게 되므로 특히 주의해야 한다.

 동판은 한번 깔면 수십 년간 사용할 수 있고 가격도 저렴한 편이며 이사할 때 걷어서 가지고 갈 수도 있다. 그러나 묘의 경우 동판을 깔 수 없으므로 지하에 수맥이 감지되면 다른 곳으로 이장하거나, 그마저 마땅치 않다면 국가시책에 따라 화장해서 납골당에 안치하는 편이 훨씬 안전하다.

 달마도나 성경책 또는 어떤 합금 봉이나 기구를 두면 수맥파가 차단된다고 주장하는 이들이 있다. 그러나 이것은 그것을 믿는 사람들이 자기최면에 빠져 수맥탐사봉의 작동을 방해하므로 이러한 현상이 발생하는 것일 뿐 실제로 수맥파가 차단되는 것이 아니므로 현혹되지 말아야 한다.

명당찾기 수맥측정 핵심비결

현장 풍수편

좋은 양택지 예

조선일보사

서울에서 가장 좋은 터는 경복궁이지만 경복궁은 워낙 거대한 터이므로 다음에 별도로 설명토록 하겠다. 그 외의 몇 개 터를 살펴보면, 먼저 세종문화회관 전면·국제빌딩·조선일보 사옥과 동아일보 구사옥 터가 매우 훌륭하다.

북악에서 내려온 용은 주로 경복궁 중앙에 이르러 크게 속기(束氣)되고 여기(餘氣)가 계속 이어지는데 근정전 옆 수정전으로 내려온 생기가 광화문 앞 구 시민회관 자리를 거쳐 국제빌딩·조선일보·서울시의회로 이어지며 구슬을 꿴 듯 속기되고 있으므로 매우 훌륭한 터가 된다.

명당 수맥 핵심 비결

　세종문화회관은 구 시민회관이 1972년 소실된 후 1978년 새로 지은 건물이지만 광화문 도로를 넓히고 옛 건물보다 크게 짓다 보니 혈로부터는 약간 뒤로 쳐지게 된 점이 흠이다.

　동아일보 구사옥 터는 경복궁 사정전 옆 자선당과 비현각으로 내려온 혈이 미국대사관·정부건물·광화문 비각을 거쳐 계수인 청계천 앞에서 맺힌 곳으로 매우 훌륭한 터이다. 현재는 '일민미술관'으로 사용 중이다.

동아일보 일민미술관

명동성당

　서울 명동성당은 북악이 정릉 뒤에서 나뉘어 청룡이 되고 동대문 밖 창신동·금호동을 거쳐 남산으로 이어졌는데, 남산 자락이 길게 돌아 북악을 바라보는 회룡고조(回龍顧祖)로서 청계천이 앞에 있다. 이는 거북이 목을 늘여 물을 즐기는 영구희수혈(靈龜戱水穴)로서 부귀가 끊임없는 자리이다. 실제로 관룡자/심룡척으로 명동성당 주변을 측정하면 마치 井자를 여러 개 겹쳐 놓은 듯 작동되는 것을 알 수 있다. 이밖에도 서울 중구의 영락교회, 종로구의 천도교 대교당 등이 매우 길한 길지에 있다.

청와대의 풍수는?

청와대의 풍수에 대해 여러 설이 있지만, 청와대의 위치는 경복궁으로 내려오는 현무 옆 계곡 물고랑으로 사람의 얼굴에 비교하면 눈에 해당한다. 이러한 지형에 대해 《금낭경》에는 '코와 이마는 길하고 창성하지만, 눈을 찌르면 멸망한다(鼻顙吉昌, 角目滅亡.)'라고 하였다. 청와대는 크게 흉한 땅으로 어떤 대통령이든 영예롭게 퇴임하기는 어렵다. 대통령 집무처와 관저를 다른 장소를 물색해 옮겨야 국가가 편안할 것이다.

명당 수맥 핵심 비결

청와대는 경복궁으로 내려오는 현무 옆 계곡에 있어 매우 흉하다 (좌측-다음지도 캡쳐). 우측 사진에도 산맥이 청와대 우측 옆으로 내려온 것이 보인다.

좋은 음택지 예

서울 동작동 국립현충원

서울 근교에는 훌륭한 음택지가 많지만 그 가운데 누구나 알 수 있는 서울 동작동 국립현충원을 예로 들어 살펴보자. 이곳은 본래 이승만 대통령의 명에 의해 1954년 필자의 스승 지창룡(1922-1999) 박사가 잡은 터이다. 태백산맥의 지맥이 천마산·남한산성을 거쳐 이어진 관악산의 줄기가 머리를 틀어 한강을 만나 멈춘 뒤 청룡의 현신 아차산을 돌아보는 회룡고조(回龍顧祖)형이다. 서울의 안산인 관악산을 조산으로 하며 관악산의 머리 역할로 북악과 일직선으로 대를 이루는 동북향이다. 주봉이 장엄하고 양쪽 견육(肩肉)이 견실하며 팔을 벌려 감싼 듯한 수성(水星)으로 한강이 휘감고 水口가 보이지 않아 언제나 물이 가득 차 있는 거대한 호수를 마주한 듯하다. 龍虎 안 明堂이 넓어 大地를 이루는 전형적

서울 국립현충원(구글어스 캡쳐)

인 장군대좌(將軍大座)의 국세이다. 지창룡 박사

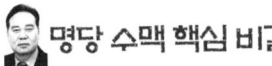

는 《한국의 풍수지리》에서 다음과 같이 설명하였다.

현 국립묘지 자리는 청룡 백호의 기세가 좋을 뿐만 아니라 공작이 알을 품고 있는 공작포란(孔雀抱卵)형이며 그 앞으로는 한강이 감아 돌고 있어 산장수병(山將水兵)인 소위 장군대좌(將軍大座) 형국이니 국군묘지로서는 최적이라고 결론을 내리고 대통령께 보고를 올렸다. 동작동 국립묘지 자리는 관악산을 태조산으로 坤坐艮向으로 만들어진 곳이다. 노량진까지 뻗어 내린 좌청룡과 방배동까지 뻗어 내려간 우백호, 또 멀리 오른쪽에서부터 쏘 앞을 휘감아 돌아 흐르다가 끝을 감추어버린 한강 등 전체적인 지형지세가 특별히 흠잡을 데 없는 곳이었다. 특히 이곳은 조선조 숙종 임금이 1682년 사육신을 奉祀한 육신사가 건립되었던 곳으로 호국의 정기가 흐르고 있던 곳이다.

명당찾기 수맥측정 핵심비결

전임 대통령들 묘소는?

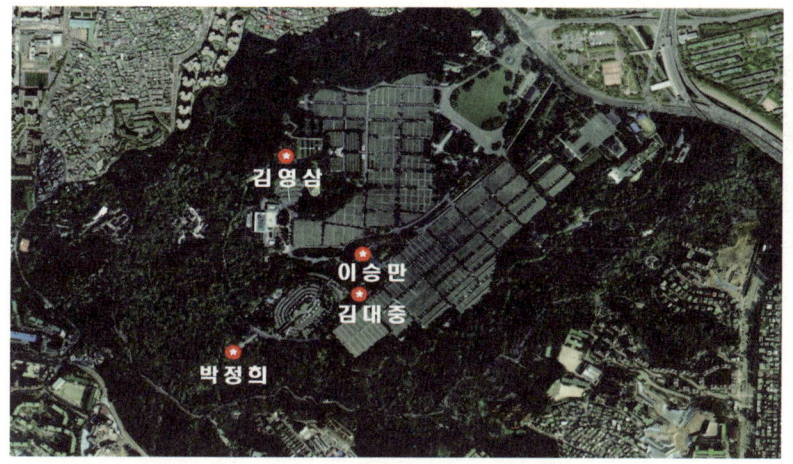

서울 동작동 국립현충원내 대통령 묘소들

1. 이승만 대통령 묘소

 현충원의 중앙을 차지한 장군대좌형의 제1장군 묘역으로부터 내려오는 맥은 2줄기이다. 첫째는 이승만 대통령 묘역이며 다른 하나는 그 옆 창빈 안씨 묘역이다.
장군묘역을 거북의 몸통으로 본다면 이승만 대통령 묘역은 거북이 머리를 내밀고 물을 마시는 듯한 영구희수혈(靈龜戱水穴)로 현충원 내 최고의

명당 수맥 핵심 비결

이승만 대통령 묘. 앞으로 한강이 가득하다.

자리이다. 이 자리는 지창룡 박사가 1965년 박정희 대통령에게 건의하여 지박사의 감독 아래 조성된 후 그해 7월 20일 이승만 대통령이 하와이에서 서거하자 미 군용기편으로 운구해 와 안장한 자리이다.

2. 박정희 대통령 묘소

 박정희 대통령묘에 관해서는 과거 많은 사람이 길흉에 관해 논쟁을 벌여온 바 있다. 이 자리는 지창룡 박사가 잡은 자리로 알려져 있지만 사실과 다르다. 지박사에 의하면 "육영수 여사가 서거한 2일 후에 정부의 요청으로 가봤더니 이미 다른 사람들이 자리를 잡아 놓았더라. 그래서 다른 자리를 이야기했더니 그대로 추인만 해달라고 하더라."라는 것이 그의 증언이었다. 이 자리는

박정희 내외분 묘역. 두 묘 가운데로 미미한 혈이 지나친다.

현충원 뒤 현무에서 우측 혈을 타고 내려와 장군묘역으로 이어지는 맥 옆에 위치하였으므로 미약한 기운이 박정희 대통령과 육영수 여사 묘 사이로 내려올 뿐 결혈이 되지 않았다.

3. 김대중 대통령 묘소

 장군묘역 아래 창빈 안씨 묘의 우측에 조성된 묘역으로 본래 이곳은 창빈안씨 묘역 우측 담 밖의 낮은 지대에서 위로 올라가는 경사진 지형이었으나 김대통령 서거 후 봉토하여 만든 자리이다. 장군묘역으로부터 이어진 맥은 이승만 대통령 묘역과 그 옆 창빈 안씨 묘역뿐이다. 이곳은 본래 맥이 이어지지 않았던 장소이므로 결혈도 없다. 이러한 사실은 김대통령 묘역 조성 전후가

명당 수맥 핵심 비결

김대중 대통령 묘역

담긴 '다움지도' 2008년 사진과 현재의 위성사진을 비교해 보면 더욱 분명해진다.

김대중 대통령 묘역 조성 전인 2008년과 현재의 위성지도

4. 김영삼 대통령 묘소

김영삼 대통령 묘역

김영삼 대통령 묘역은 현충원 좌측 청룡맥 위에 있다. 이 자리에서 보면 우측의 백호가 길게 이어져 안산을 이루는 형국이다. 동작동 주봉인 공작의 왼쪽 날개 끝에 맺힌 혈이지만, 혈이 약하다. 관룡자로 측정해보면, 묘소 전면에서 볼 때 혈이 왼쪽으로 치우쳐있는 것을 알 수 있다.

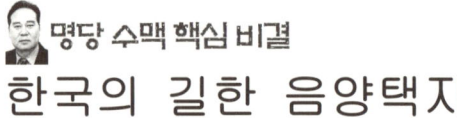
한국의 길한 음양택지

호암 이병철 회장 생가
주소지: 경남 의령군 정곡면 중교리 723

 이병철은 이곳에서 1910년 2월 12일 부친 이찬우(李纘雨)와 모친 권재림(權在林)의 2남 2녀 가운데 막내로 출생했다. 여섯 살부터 조부 이홍석(李洪錫)이 세운 서당 문산정(文山亭)에서 학문을 익히고, 신학문에 입문하여 진주의 지

이병철 회장 생가 안채

수보통학교에 다니다가 서울로 옮겨 수송보통학교와 중동학교에서 수학했다. 1930년 일본 와세다대학에 유학하여 경제학을 공부하고 귀국 후 일제식민지 시대에 민족경제 육성의 절실함을 깨달아 1938년 三星을 창업했다. 그는 창업 이래

사업보국(事業報國)·인재제일(人材第一)·합리추구(合理追求)의 경영 철학과 신념을 바탕으로 삼성을 한국 최고의 기업으로 발전시켜 국가 경제발전에 크게 이바지했다. 또한 성균관대학교를 인수하고 운영하며 인재육성에 앞장섰으며, 삼성문화재단을 설립하여 학술·언론 및 사회 발전에 크게 기여했다. 1987년 향년 78세를 일기로 별세했다.

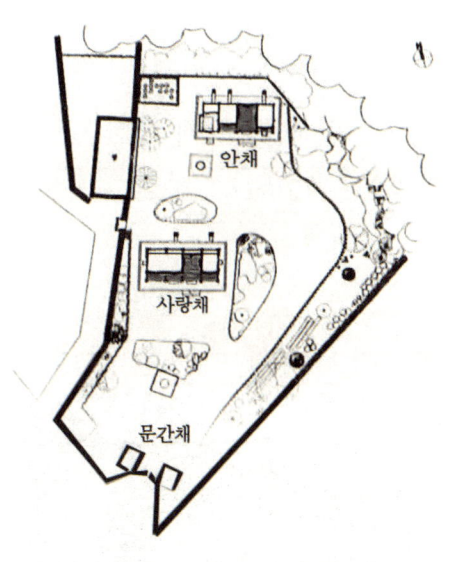

이병철 회장 생가 평면도

 이병철이 태어난 의령군 정곡면 중교리 장내마을의 이곳은 1851년 그의 조부 이홍석이 전통 한옥 양식으로 손수 지었으며 그동안 몇 차례의 증·개축을 거쳐 오늘에 이르고 있다.
산세를 살펴보면 백두산에서 내려온 백두대간이 강원도 평창-영월-충북 제천-괴산-경남 가야산

명당 수맥 핵심 비결

을 거쳐 이 집 우측의 호암산으로 이어진다. 호암산에서 내려온 土山의 용맥(龍脈)이 우측으로 머리를 틀어 서향(西向)으로 멈춘 곳에 터를 닦고 집을 지었다. 이 집 전면의 산은 거대한 土山으로 이런 산을 거문토(巨文土)라고 하여 큰 부자가 난다.

 집 구조는 안채를 一자로 짓고 그 앞에 사랑채를 一자로 지어 혈(穴)의 기운이 두 건물 중앙을 관통하여 대문 앞까지 이어지도록 한 특징이 있다. 관룡자로 측정해보면 두 건물 중앙을 중심으로 넓은 穴이 강하게 형성된 것을 알 수 있다.

필자가 관룡자로 안채를 측정한다.

 이병철의 조부 이홍석이 이 집을 짓고 사랑채에 손님이 가득 모이면 손자 이병철을 무릎에 앉히고 "요 녀석이 장차 조선의 국중(國中) 대부(大富)가 될 녀석이야!"라고 자랑했다는 일화가 전해진다.

명당찾기 수맥측정 핵심비결

이병철 회장 생가 전면에 거문토산이 거대하다(구굴어스 캡쳐)

안성 청룡사 입구 풍물기행

지난 2001년의 일이었다. 2000년 이른바 '관룡자 사건'으로 경찰청 특수수사대에 잡혀가 지독한 조사를 받고 그 해 12월 서울지검 특수부에서 무혐의 종결될 때까지 6개월간 크게 시달리고 난 후 몸과 마음을 추스르고 있을 때였다.

풍물기행

명당 수맥 핵심 비결

　필자보다 10여 살 젊어 보이는 젊은 친구 한 사람이 찾아왔다. 서로 인사를 나누고 보니 서로 고향도 같고 해서 금세 친해졌다. 김사장. 경기도 안성시 서운면 청룡리로 갔다. "가게 터 좀 봐주시라."는 그를 좇아서였다. 가게를 둘러보니 20여 평의 조립식 건물이었다.

　밖으로 나와 지형을 살펴보니 좌측의 서운산(547m)으로부터 지맥이 이어지고 뒤편의 좌성산 본줄기가 뻗어 내려와 백호를 이루는 안쪽으로 좌성산의 혈이 내려와 앞의 계곡을 만나 멈춘, 마치 우측 팔을 뻗어 좌측으로 손바닥을 펼친 듯한 선인헌장(仙人獻掌)의 형세였다. 바로 옆에는 경기도지사와 내무부장관 등을 역임한 이해구(1937-)씨 생가인 <이해룡고가>가 있는데, <이해룡고가>에 버금가는 자리였다. 필자는 그에게 "이 자리가 기막히게 좋은 터이니 이 땅을 사라"고 하고 그와 작별했다.

　그리고 10년이 지난 2010년 어느 날 수염을 맵시 있게 기르고 말쑥한 차림을 한 그가 찾아왔다. 그리고는 "형님, 가시자!"는 거였다. 그의 차를 타고 청룡리로 들어섰을 때, 그야말로 놀라운

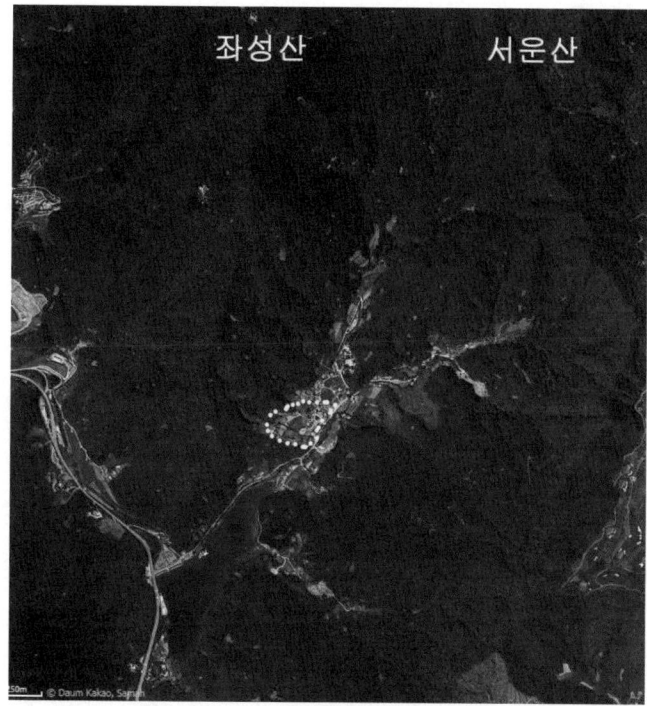

중앙의 흰 점선 안이 풍물기행이다(다음지도 캡쳐).

광경이 펼쳐져 있었다. 그 작은 건물이 있던 그 자리에 그림처럼, 마치 고향 집같이 푸근한 아름다운 건물이 들어서 있었다. 널찍한 터와 기둥 하나까지 주인의 손을 거친 그런 집… 이름이 <풍물기행>이었다.

옛날 구옥을 철거하려는 분들을 찾아서 무료로 철거해주고 기둥이며 서까래, 기와 등을 모아와 일일이 자신의 손으로 깎고 닦고 문질러 이 집을 지었다고 했다. 건물이 대략 1백여 평 되는데 평일 오후임에도 손님들이 가득했다.

<풍물기행>은 계속 번창했다. 청룡리 일대 주민들에게 의뢰해 된장과 고추장, 간장을 담그기 때문에 마을 주민들에겐 일거리가 생겼다. 가끔 주민들을 초대해 대접하고 노인들을 위해 경로잔치도 연다.

　매년 필자는 도반들과 <풍물기행>을 찾는데, 그 깊은 산골임에도 서울·경기·충청도는 물론 멀리 경상도와 전라도에서까지 소문을 듣고 찾아오는 손님들로 주차장이 가득하다. 건물 내부에는 우리가 어린 시절 보았던 기물들이 꼭 있어야 할 자리에 있다. 왕골자리를 매던 틀에서부터 숯불을 넣어 옷을 다리던 다리미…멍에·농기구·다듬잇돌 등 50~100년 전의 기물이 모두 비치되어 있다. 간혹 필자 같은 초로들이 그 기물들 곁에서 눈을 감고 옛날을 회상하는 것을 본다. 아마 어렸을 적 어머니, 아버지 그리고 형제들과 행복하게 살던 시절의 고향 집을 회상하는 것이리라…건물 안과 밖을 세세히 살펴보면 감동적인

것들이 많아 그런지 가족들과 오는 손님들이 대부분이라고 했다.

몇 년 전 도반들과 함께 갔더니 주변 토지를 매입해서 매우 넓은 대지를 확보해놓았다. 백마(白馬)를 한 마리 사서 타는데 이름을 지어달라기에 '자강(自彊)'이라고 지어 주었다. 주역 건괘(乾卦) <상전>의 '天行健, 君子以自彊不息(하늘의 운행은 굳세니, 군자는 이러한 현상을 관찰하여 스스로 힘써 노력하며 그치지 않는다).'에서 택한 것이니 스스로 노력하며 발전이 그치지 말라는 뜻에서였다. 앞으로 "이 땅에 <풍물기행 수목원>을 건설하라"고 얘기해주었더니 고개를 끄덕였다.

그래서 다시 느끼게 되었다. 사람이나 땅, 모두 주인이 따로 있는 것이라고…아무리 운이 좋다한들 이 사람처럼 주변에 적덕하고 사는 사람이 아니라면 이런 땅이 그에게 돌아갈 리 있겠는가…'積善之家必有餘慶, 積不善之家必有餘殃(선을 쌓은 집안에는 돌아올 경사가 있고, 불선을 쌓은 집안에는 다가올 재앙이 있다)'이라는 주역 곤괘

명당 수맥 핵심 비결

(坤卦) 문언전의 구절을 새삼 되새긴다.

2021년부터는 카페로 업종을 전환해 운영 중인데, 직접 만든 식빵을 고객 앞에서 다시 쪄주는 점이 매우 인상적이다. 커피도 다양해서 새로운 명소가 되었다.

풍물기행 안에서 밖을 보다

풍수학에 관심을 두었거나 추억을 회상하고픈 독자들을 위해 주소와 전화번호를 싣는다. 답사 후 풍수학적 이견이 있는 분은 필자와 토론도 가능하다.

풍물기행: 경기도 안성시 서운면 청룡길 101.전화:031)677-5282

흉지 사례

5년을 넘기지 못하는 집터

　30여 년 전 필자는 스승 지창룡 박사 문하생으로 공부했다. 그리 많은 횟수는 아니었지만 스승께서 풍수 관계로 출장을 나가시면 모시고 나가기도 했는데 스승은 말씀이 많지 않고 몇 마디로 설명하시곤 했다. "혈이 저쪽에서 이렇게 내려가는 게야" 그땐 미처 몰랐지만, 스승께서 떠나시고 난 지금 그 말씀과 음성이 더욱 그리워만 진다. 필자가 스승을 만나지 않았더라면 사람의 얼굴이나 땅에 대해서도 눈이 열리지 않았을 것이다.
　필자도 10여 년 전부터 제자를 양성하고 있다. 주역과 인상학(관상)·풍수지리를 가르치는데 가만히 헤아려보니 그동안 필자를 거쳐 간 도반이 1백여 명에 이른다.
필자는 풍수학 이론서로서 《청오경》·《금낭경》·《설심부》·《산법전서》·《지리오결》·

《양택십서》 등 원전과 필자의 저서 《나경 사용법》 등을 가르친다. 원전이 모두 한문이다 보니 처음에는 도반들이 조금 어렵게 느끼지만 점차 익숙해져 두어 달만 지나면 아주 잘 이해한다. 그리고 한 달에 한 번 외부로 간산(看山) 실습을 나가는데, 때론 직접 집터를 잡거나 산소 자리를 감정하는 현장을 보여준다.

이러한 실습 가운데 빼놓을 수 없는 자리가 하나 있다. 충북 음성군 생극면 ○○리 터이다. 금왕 방면에서 장호원 방면으로 가기 위해 올라가는 생극로타리 우측의 땅이다. 이 자리는 좌우의 산 중앙 넓은 계곡 땅으로 2007년 넓게 택지를 조성하고 아름답게 2층집을 지었다. 넓은 정원에는 잔디가 깔려있고 집 앞에는 5-6백평의 과수원을 조성하여 사과

집을 새로 짓고 조경공사 중이다 (2007년 10월 7일).

나무를 심었는데, 지나는 사람들은 이런 집을 보면 한 번쯤 살아보고 싶다고 느낀다. 그리고 양 옆과 후면이 산으로 둘러싸였으므로 아늑한 느낌마저 든다.

그러나 필자의 견해로는 이 집터는 5년을 넘기지 못해 집이 비게 되는 터였으므로 도반들에게 반드시 보여주고 내용을 설명하는 현장 실습 필수코스이다.

아름답게 집을 짓고 조경과 과수원을 꾸몄다. 과수원엔 사과가 빼곡히 달려 있다(2012년 8월 27일).

이 지형을 설명하면 다음과 같다. 이 일대는 150미터 높이의 산이 둘러싸인 지역으로 그 가운데 한 산맥이 생극면사무소 우측으로 이어지는데 이 산맥이 진룡(眞龍)이며 그 좌우의 산들은 청룡 백호에 해당된다. 따라서 지금 설명코자 하는 집터는 좌우의 높은 산 사이에 있는 계곡으로 후면의 조산(祖山)으로부터 내려온 진룡이 우측을 지난다. 이 터는 그 진룡을 따라가

명당 수맥 핵심 비결

며 감싸고 흐르는 좌측 수룡(水龍)을 메운 들판인 것이다. 따라서 이 터는 물이 흘러가야 할 자리이며, 지표에는 물이 흐르지 않더라도 지하로 물이 이동할 수밖에 없다. 이러한 물길을 명가수(鳴珂水) 또는 임배수(淋背水)라고 한다.

이러한 지역에 집을 지으면 냉하므로 처음에는 시원한 느낌이 들고 공기가 좋다고 느낀다. 그러나 시간이 지날수록 몸이 무겁고 서서히 무서운 느낌이 들게 된다. 3년 정도 지나면 사람과 재물이 흩어지며 질병이 많게 되므로 거주자가 집을 떠나게 된다. 집을 떠나지 않으면 건강을 해치게 되고 더욱 시일이 지나면 인명을 손상하게 되는데, 이 모든 일이 대략 5-7년 사이에 이루어진다. 따라서 이 집은 집주인에게 말해줄 수는 없지만, 풍수 실습의 필수코스였다.

그런데 지난 2014년 3월 20일 다시 그 집 앞을 지나게 되었다. '역시 그렇군…!' 혀를 찰 수밖에 없었다. 그 아름답던 집은 없어지고 정원과 과수원은 모두 공터로 변해 있었다. 누군가 그 집터를 사서 매립하고 있었기 때문이다. '저 집에 살던 주인은 어떻게 됐을까…?', '모두 무사했다면 그렇게 거금을 들여 지은 집과 정원, 과수원이 폐기되고 땅이 남에게 넘어갔을까?…' 이런 것을 상전벽해 (桑田碧海)라고 한다. '뽕밭이 푸른 바다가 됐다'라는 뜻이다.

아름다운 집과 정원, 과수원이 사라지고 누군가 매립공사를 하고 있다(2014년 3월 20일).

7년 사이 두 사람이 간암으로 사망한 터

2013년 초여름의 일이다. 동향 형님께서 전화를 하셨다. "우리 동향 사람으로 나보다 몇 년 후배 ○사장인데 집터를 좀 봐달라네." 잠시 후 ○사장으로부터 전화가 오고 해당 택지의 주소를 받았다. 위치는 요즘 전원주택지로 한창 각광받는 경기도 양평군 ○○면 ○○리였다.

다음 날 아침 내비게이션을 켜고 해당 주소지로 갔다. ○사장이 반갑게 맞으며 안내했다. 택지는

 명당 수맥 핵심 비결

1천여 평이 넘는 넓은 땅으로 나무가 울창하고 호수에는 수련이 만발했으며 그 주위에는 때늦은 철쭉이 눈부시게 피어 있었다. 호수 주변과 수목 사이에는 말끔히 손질된 잔디 위에 얇고 넓찍한 돌을 깔아 산책로를 만들고 우측 한편에는 하얀 2층집이 그림처럼 아름답게 서 있었다.

 산세와 지세, 조경을 살펴보니 뒷산으로부터 내려오는 龍의 우측에 흙을 돋우고 그 위에 지은 집이었다. 집 뒤에는 전나무와 은행나무가 높이 치솟아 있고 집 앞 또한 직경 20-40센티 은행나무와 느티나무들이 그늘을 드리우고 있었다. ㅇ사장이 물었다. "저 집은 어떻습니까?"

 숨이 막히는 느낌. 그러나 어쩌랴 사실대로 일러줘야지. "저 집에 살면 사람이 많이 상하게 됩니다." 순간 그의 표정이 멍해지더니 탄식하며 말했다. "아-! 그래서 그랬군요…. 사실은 제가 이 땅 천오백 평을 동생과 함께 샀지요. 조경하는데 만 3억 원을 들였어요. 공기도 좋고 조용해서 동생이 여기 내려와 살고 저는 서울에서 사업

하며 주말에만 내려왔지요. 그런데 지난해 동생이 몸이 안 좋다고 해서 아산병원에서 진찰을 받았는데 간암 초기래요. 일주일 후에 색전술 하기로 하고 입원했는데, 수술 전날 검사한 결과 이미 암이 퍼져서 손을 쓸 수도 없다고 해요. 그래서 그대로 세상을 뜨고 말았지요." 그는 긴 한숨을 내쉬더니 말을 이었다. "이 땅을 7년 전에 샀는데, 알고 보니 우리한테 땅을 판 영감님 아들도 이 집에 살다가 간암으로 죽었더라구요. 아-! 진작 알았더라면 동생이 살았을 텐데…!"

그도 집터가 좋지 않다고 생각했는지 그 집을 헐고 다시 지으려고 20미터쯤 앞으로 내어 줄을 띄어 놓고 있었다. 그 자리도 마찬가지. 그 위치로부터 10여 미

그림처럼 아름다운 집. 그러나 이 집에서 7년 사이 두 사람이 간암으로 사망했다.

터 좌측에 길지가 있었다. 그러나 혈 폭이 좁고 길어 집을 지으려면 집 모양이 전후로 길고 옆은 좁은 형태라야 했다. 땅은 옆으로 넓은데 집은 세로로 지어야 하니 이상할 수밖에 없었다. 필자가 말했다. "차라리 이 땅을 팔고 그 돈으로 다른 땅을 사서 집을 지으시면 어떨까요?" 이런 땅은 사람이 계속 거주하기 보다는 상업용지 등으로 사용할 수 있기 때문이다. 그가 말했다. "조경하는데 워낙 돈을 많이 들이고 이 나무들 가꾸느라 애착이 들어서…그런데 며칠 전 유명하다는 지관을 소개받았는데, 그 사람 말이 '이 땅은 집을 헐어도 안 되고, 새로 지어도 안 된다.'는 거예요. 그래서 이러지도 저러지도 못하고 있습니다."

어쨌거나 집을 지으려면 나무를 모두 없애고 세로로 지으라고 한 후 돌아왔다. 그로부터 한 달 후 도반들과 함께 들렀더니 주인은 없고 바닥의 돌들을 모두 걷어 쌓아 놓은 것이 보였다. 아마 필자의 제안대로 새로 집을 지으려는 것 같았다. 그로부터 5년 후인 2021년 초 우연히 그 앞을 지나게 되었는데, 거대한 주택이 들어서 있었다. 서울의 큰 기업 회장이 이 땅을 사서 집을 지었다는 것이다. 안타까운 일이다.

흉지에서 길지로 이장한 사례

냉시혈 이야기

2009년 5월, 매월 한차례 나가는 간산 실습에서의 일이다. 그달에는 경상북도 몇 군데를 둘러보기로 했는데, 도반 가운데 경북 의성이 고향인 사람이 자기 선친 산소를 한 번 봐달라기에 도반들과 함께 갔다. 산은 마을 뒷산 정도의 아담한 산으로 e자 형태였으며 산 둘레에 인가들이 옹기종기 모여 있었다. 해당 묘는 작고한 지 6년 된 분의 묘였는데 묘역은 잘 자란 잔디로 덮여 있었다.

그러나 산세는 마을 건너 큰 산이 잠복해서 좌측으로 머리를 든 형세였으므로 그 자리는 청룡 백호 안산 없이 툭 불거져 나온 자리에 불과했다.

명당 수맥 핵심 비결

항상 느끼는 일이지만, 감정한 자리가 좋을 때는 마음이 편하고 도반들에게 설명해줄 것이 많다. 그러나 자리가 좋지 않을 때, 특히 해당 음택의 후손이 앞에 있을 때는 마음도 불편하고 여간 조심스럽지가 않다. 필자는 그 제자에게 조심스럽게, 그러나 간단하게 설명한 후 "하루라도 빨리 이장하라!"고 권했다. 마침 그 묘로부터 30미터쯤 떨어진 고구마밭에 혈처가 있었기에 그 자리를 점지했다.

그 제자는 장남이었으며 현직 영관장교였는데 그의 모친과 누나·형제들이 "잔디도 잘 자라는 좋은 자리를 왜 옮기려 하느냐?"며 반대를 하더란다. 그는 간신히 가족들을 설득하여 이장하게 되었다.

그해 7월 12일로 이장 날짜를 잡았는데 장마철이라 며칠째 비가 내렸고 당일도 새벽부터 비가 내리고 있었다. 오전 9시경 현장에 도착하니 비가 멈추고 날씨가 개어 있었다. 먼저 도착해 있던 일군들이 굴삭기로 봉분을 허무는데, 한 삽을 뜨니 잔디 아래 흙은 전혀 젖지 않아 먼지가 풀썩 일었다. 그 순간 도반들의 얼굴빛이 하얗게 변한 것을 느꼈다. 모두들 '우리 선생이 큰 실수 하는구나…!'라는 눈치였다.

그러나 필자는 전혀 동요치 않았다. 확신이 있었기에. 봉분을 다 허물고 관이 비치기 시작할 때까지도 흙은 바짝 말라 있었다. 도반들 중엔 이미 멀찍이 떨어져 현장을 피한 사람도 있었다.

마침내 관이 모습을 드러냈는데 관 위에 붙인 종이가 습기에 젖어 있는 것이 보였다. 도반들이 필자를 말렸다. "선생님. 관을 열지 말고 그대로 옮기시죠?" 모두 필자가 잘못 짚었다고 생각하는 것 같았다. '천만에…!' 필자는 굴삭기로 관을 열게 했다. 관속에 시신을 모시고 나머지를 흙으로 채웠는데, 흙이 모두 썩어 있어서 악취가 20-30미터 밖까지 진동했다. 그러나 시신은 그대로였으므로 인부들과 도반들이 모두 "아 -!"하고 감탄을 했다. 시신은 얼려 놓은 나무토막 같았다. 관 아래에 넓은 바위가 있고 관을 그 위에 얹어 놓은 형태였으니 그럴 만도 했다.

명당 수맥 핵심 비결

새로운 자리는 우측 백호가 혈처를 감고 돌아 안산을 이루는 전라혈(田螺穴)에 가까운 자리였다. 새로운 자리를 1미터 가량 파내니 혈토(穴土)가 나왔다. 모두 탄성을 질렀다. 하관 시간에 맞춰 새로운 자리에 모셨는데, 그 후 몇 가지 신기한 일이 생겼다. 그 제자의 어머니께서 몇 년 전 소에게 허리를 밟혀 구부리고 살아오셨는데, 이장한 2달 후부터 허리가 펴지고 통증도 훨씬 덜해 동네 경로회를 따라 여행을 다니시게 되었다.

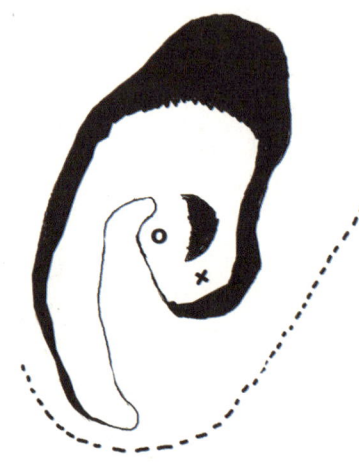

전라혈에 가까운 자리. X표는 본래 묘가 있던 위치이며 O자는 새로 이장한 자리이다.

- 118 -

뿐만 아니라 새로 옮긴 묘 앞에 고구마 꽃이 큼직하게 피었으므로 모두 기뻐하고 있다.

세종대왕 영릉(英陵) 분석
좌향과 분금: 癸入首 子坐午向

경기도 여주에서 서북쪽으로 약 2Km지점에 있는 북성산 낙맥에 자리잡고 있다. 북성산(일명 꾀꼬리봉) 낙맥이 뚝 떨어진 龍勢는 북으로 굽이쳐 달리다가 한 줄기가 다시 솟으면서, 남쪽으로 머리를 돌리어 주산이 북성산을 바라보며 달리다가 뚝 끊기어 그치었다.

이 줄기를 중심으로 좌우로 여러 산줄기가 마치

경기도 여주 세종대왕 영릉

명당 수맥 핵심 비결

꽃잎 모양으로 둘러 이 자리를 감싸주고 있으니 소국으로 보면 목단반개형(牧丹半開形)이며 대국적으로 보면 회룡고조형(回龍顧祖形)으로 산이 다시 조산, 즉 주산을 돌아보는 형국이다.

뒤에 솟은 현무는 마치 병풍을 두른 듯 완화하고 청룡의 세는 겹겹이 산머리를 돌아 꿈틀꿈틀 나는 듯 감돌아 혈을 감싸주고, 백호의 세 역시 겹겹이 산머리를 가지런히 모아 혈을 감싸주었다.

안산을 바라보면 북성산 작은 낙맥이 마치 사람 모양으로 생겨 신하가 무릎을 꿇고 군왕에게 조례를 드리는 형상으로 군신조회격으로 되어있다.

주위에 둘러 있는 산봉우리들은 천상만태의 형상으로 빼어나 혹은 문필봉으로 혹은 기폭창검(旗幅槍劍)으로 혹은 어대형(魚袋形)으로 각양각색의 귀봉(貴峯)이 정기를 뿜으며 혈을 비춰주고 있다. 그 사이로 물은 서쪽 申方에서 흘러내려 서출동류(西出東流)로 여러 물이 합금(合襟)되어 동쪽 辰方으로 빠져나가 강물과 합수된다. 수구를 살펴보면 양편이 금수성으로 나열되고 己자와 같은 모양으로 물이 빙글빙글 되돌아 빠져나가

쇄밀하다. 龍節은 辰兌룡이 박환하여 壬子右旋룡으로 癸入首 子坐午向이다.

 예종 원년 선릉 서쪽 기슭에 있던 세종대왕의 영릉이 좋지 않다고 하여 이장해야 한다는 여론이 조정에 일었다. 조정에서는 안효례 등의 지관을 파견하여 살핀 결과 경기도 여주 북성산 꾀꼬리봉에 있는 한산 이씨 이계전(李季甸1404-1459) 묘가 적당하다는 결론을 내렸다. 이계전 선생은 고려말의 충신 목은 이색(李穡)의 손자로 태종 때부터 세조 5년까지 생존하며 병조판서·이조판서·판중추부사 등을 역임한 문신이었다. 그리고 이계전의 묘 서북쪽에는 광주 이씨 三世祖 이인손(李仁孫,1395-1463)의 묘가 있었다.

 예종이 평안도 관찰사로 있던 이인손의 맏아들 이극배를 조정으로 불러들여 직접 그 자리를 비워달라는 말은 차마 못 하고 애원 비슷하게 은근히 심중에 있는 뜻을 비쳤다. 이극배는 하는 수 없이 아우들과 상의한 끝에 그 자리를 내놓았다. 예종 1년 (1468) 2월 이계전의 묘는 경기도 여

명당 수맥 핵심 비결

점동면 사곡리 이계전묘(위)와 능서면 신지리 이인손묘(아래)

주시 점동면 사곡리로 이장했다.

이인손의 묘를 헤치고 유해를 들어내니 그 밑에서 비기(秘記)를 새겨 넣은 글 한 구절이 나왔다. '이 자리에서 연을 날리어 하늘 높이 떠오르거든 연줄을 끊어라. 그리고 바람에 나부끼어 연이 떨어지는 곳에 이 유해를 모셔라.'

여러 사람이 신기하게 여겨 그대로 했더니 과연 연은 바람에 날리어 서쪽으로 약 십 리 밖으로 떨어졌다. 이로 인하여 그곳 동네 이름이 '연줄리'라고 불리었다.

이 능 자리로 인해 조선왕조가 100년을 더 이어

졌다는 지리학적 설화가 전해진다.

남연군묘(南延君墓) 분석

좌향과 분금: 乾坐巽向 丙戌 분금

홍선대원군 이하응(1820-1898)의 부친 남연군 이구(李球)의 묘로 규모는 약 5,590평방미터이며 1989년 12월 29일 충청남도기념물 제80호로 지정되었다. 다음은 지창룡 박사의 글을 발췌한 것이다.

남연군묘

덕산 땅은 연혁으로 보아 본래 백제의 금물현(今勿縣)이었는데 신라 때에 금무(今武)라는 고을로 고쳐서 이산군의 속현이 되었다. 고려

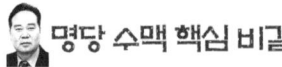

조에 와서 덕풍으로 명명했다가 현종 때에는 운주(運州)로 고쳤고 명종조에는 다시 감무(監務)를 두었다.

 조선시대 태종 때에 지금의 이름 덕산으로 고쳤고 태종 13년에 현감을 두었다. 지금은 예산군에 속하며 덕산면 소재지로 되어 있다.

덕산에는 덕산 온천, 숭덕산의 수덕사, 윤봉길 의사의 사당과 옛 집터가 유명하고 명산 가야산과 가야사라는 절이 널리 알려져 있다.

안동 김씨의 외척 세도가 한창이던 때 영조대왕의 현손인 흥선군 이하응만은 패기만만했다. 그는 문장이 뛰어나 육경을 통달하였고 정치에 식견이 높았다. 항상 외척 김씨를 미워해 정권을 바로잡아 왕권을 회복하고자 했다.

흥선군은 목적을 달성하기 위하여 지술(地術) 공부를 시작하였다. 명당자리를 찾아 쓰고 천하권세를 잡아보자는 생각에 부풀었다.

지리에 관한 서책이라면 모조리 구하여 읽었다. 『지리오결』『금낭경』『설심부』『산수경』『청오경』 등 수십 종류에 달하는 지리책을 몇 해를 두고 읽고 외웠다. 그는 학문을 익힌 후 구산求山을 하러 나섰고 지리에 밝은 지관이 있다면 반드시 찾아 문답을 하고 답산을 했다.

 명산을 찾아 구산한지 십년 되는 어느 날, 시골에서 지관 한 사람이 흥선군을 찾아왔다. 흥선군이 지관을 맞아 문답하니 지관의 말이 충청도 가야산에 명당자리가 남아 있다는 것이다. 거기에다 묘를 쓰면 십년 안에 제왕이 난다고 호언장담을 하였다.

 술상을 들여 권커니 받거니 밤 가는 줄 모르고 술을 마셨다. 며칠을 대접한 뒤 두 패의 교군을 마련하여 지관과 함께 충청도 가야산을 향하여 길을 떠났다. 일행은 수일 만에 덕산현에 당도하였는데 덕산읍에서 서북쪽으로 높이 치솟은 산이 아침 햇빛에 훤히 보였다.

"저 산이 바로 가야산이올시다." 하는 지관의 말을 들으며 흥선군은 가야산을 눈여겨 바라보았다. 덕산서 약 십리 쯤 가니 가야산 초입이다. 흥선군은 더욱 눈여겨 산세를 살펴보며 들

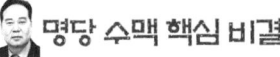

어갔다. 십년간 연구하고 닦아온 지술을 명지관이 설명하기 전에 자신이 파악하여 보자는 심산이었다.

우선 水口를 살펴보았다. 과연 수구 맥이 양쪽 산봉우리가 자웅으로 되어 있어 역수사(逆水砂)로 수구를 거두어 주고 있지 않은가. '과연 천하대지가 그 안에 들어있구나'하고 흥선군은 짐작하였다.

동구 밖 水口를 지나 한동안 올라가니 삼구곡 삼구곡(三九曲)으로 청룡 머리와 백호 머리가 팔짱을 낀 양으로 상접하여 있지 않은가. 흥선군은 마음이 점점 설랬다. '신수류어망동(申水流於望東)이면 장원두어천하(壯元頭於天下)'라는 지리서의 글귀가 떠올랐다.

가야산 여러 골짜기에서 흘러내린 물줄기는 이리 구불 저리 구불 삼합수三合水가 되어 서쪽 물이 다시 동으로 흘러간다. 굽이를 지나서 한동안 올라가니 가야산 넓은 골짜기 한복판에 병풍을 두르고 앉은 선관(仙官)의 모양 같은 산봉우리가 먼저 흥선군의 시선을 잡아끌었다.

흥선군은 교자꾼을 멈추게 하였다. 그리고 지관을 바라보았다. 지관도 역시 흥선군을 바라보았다. 둘은 서로 말이 없다. 단지 눈으로 주고받으며 묵묵히 서서 바라보고만 있었다.

천을 태을 두 귀봉은 주룡 양편에 솟아 있고 동서남북 사방팔방에 수려한 산봉우리는 마치 사신(四神)과 팔장(八將) 같고, 삼길육수(三吉六秀)방에 귀한 산봉우리는 정기를 뿜어 혈처를 비추어 준다.

주산 가야산이 총연히 솟아 있으니 자손에 지파가 필수할 것이요, 천마형(天馬形)이 높이 솟아 남쪽에 있으니 당대 공후지지(公侯之地)로다. 반석이 또한 혈전에 있으니 식록만종(食祿萬種)이라, 조금도 의심할 바 없도다. 참으로 날아갈 듯한 기분이다.

전후좌우로 산세를 살펴보니 앞산은 치달아 오는 형상이요, 뒷산은 주춤하며 멈추는 듯한 형상이다. 좌우로 천병 만병이 배립하여 있는 형태이다. 꿈틀꿈틀 뛰어나는 듯한 산 형세는 간신히 머무르는 듯한 기상이요, 우뚝 서 있는

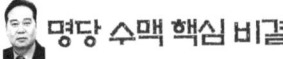

듯한 산 형세는 앉은 모양 같은 형체이다. 청룡은 서리어 오래 머무르는 듯한 형상이요, 백호는 엉거주춤 엎드린 천하대지이다.

"지관 선생, 참으로 여러 날 동안 수고가 많으셨소. 이제 우리 두 사람뿐이니 어디 문답이나 하여 봅시다."

지관은 입을 열기 시작하였다.

"흥선대감, 참으로 천하대지입니다. 저 높이 솟은 가야산 중심맥이 뚝 떨어져 임금 '제帝'자 형으로 생겨 있지 않습니까? 다시 삼기삼복(三起三伏)하여 이루어진 이 산봉우리는 임금 '王'자가 분명합니다. 저 뒤를 보십시오. 가야산이 마치 병풍을 두른 듯합니다. 좌우로 나열되어 있는 영특하고도 뾰족한 저 무수한 산봉우리들은 문무백관이 어전을 호위하는 듯한 기상이 아니겠습니까? 저 멀리 보이는 안산을 보십시오. 뾰족하게 보이는 바위가 양쪽으로 마치 물소뿔 모양으로 서 있지요. 선동(仙童)이 달을 희롱하는 듯한 형국입니다. 여기에다 묘를 쓰시면 십년 안에 반드시 제왕이 나실 것입니다."

하고 못을 박았다.

흥선군 이하응도 옳다고 생각하였다. 십년 구산에 이같이 흡족한 자리는 처음으로 대하는 것이다. 흥선군은 눈을 지그시 감고 지관에게 한마디 던진다.

"수봉이압천외(數峯而押天外)면 적세공경(積世公卿)이요, 구곡이입명당(九曲而入明堂)이면 당조재상(當朝宰相)이라 하였는데 잘 되면 영의정 하나쯤은 나겠소."

지관은 미소를 지었다. 그도 그럴 것이 제왕지지(帝王之地)라면 역적으로 몰릴 수 있는 시대였기 때문이다. 흥선군은 천천히 산봉우리를 내려섰다.

"이 땅이 뉘 땅이요?"

지관한테 말을 건넨다.

"예, 이 땅은 가야사 땅이옵니다."

흥선군은 다시 생각에 잠겼다.

떳떳한 왕손이면서도 사찰의 한 모퉁이에 묘터 자리를 빌어 쓸 권리조차도 없는 초라한 신세를 생각하니 가슴이 뭉클해진다. 지관과 후일

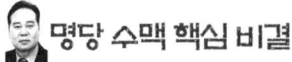

을 단단히 약속하고 작별 길을 떠났다.

　서울에 당도한 흥선군은 며칠 동안 치밀한 계획을 세웠다. 대제학 김병학을 찾아 김씨네 가보로 내려오는 옥벼루를 빌렸다. 그 옥벼루를 가지고 영의정 김좌근 대감을 찾은 것이다. 흥선군이 김대감을 찾아가 말한 사연은 이러했다.

　난초 한 폭을 쳐서 주고 이 옥벼루를 어느 선비한테 얻어가졌는데 자기는 이런 귀중한 물건을 갖고 있을 형편이 못 되며 설사 며칠을 갖고 있다 하더라도 마침내는 술값으로 팔게 될 것이니 대감께서 마음에 있으시거든 드리겠다는 말이고 보니 김좌근 대감은 눈이 번쩍 뜨였다. 바로 대제학 병학이가 갖고 있는 것과 똑 같은 진품이었기 때문이다. 흥선군은 말을 이었다. 이 벼루가 본시는 한 쌍이었는데 하나는 어디로 가고 이 벼루는 옛날 중국에서 가져왔던 것이다. 김좌근 대감은 기뻐서 어쩔 줄 몰랐다. 그리고 몇 번이고 벼루를 닦아 놓았다. 이때라고 생각한 흥선군은 충청감사에 보내는 편지 한 장을 부탁했다.

편지를 얻어 받은 흥선군은 거나하게 술까지 대접받고 가벼운 발길로 집으로 돌아왔다. 그 후 바로 면례택일을 받아 아버지 남연군의 묘를 이장했다.

그 후 흥선군은 아들을 하나 더 두었는데 과연 지관 말대로 12년이면 제왕이 나온다더니 13년 만에 아들이 등위하게 되었다. 이분이 바로 고종황제이다.

전해오는 이야기에 의하면 1844년 가야사가 화재로 전소되고 가야사의 승려가 연못에 빠져 죽은 시체로 발견되었는데, 가야사의 화재와 승려의 익사는 모두 이하응이 보낸 자객에 의한 행위라고 한다. 이하응은 탑을 부순 후 경기도 연천 남송정에 있던 부친의 묘를 이장해 온 후 인근 골짜기에 보덕사(報德寺)라는 절을 짓고 개운사 주지인 도문(道文)을 주지로 임명하여 남연군묘 수호일품대승이라는 직책을 내려 묘를 돌보게 하였다. 그로부터 7년 후 이하응의 차남 재황

명당 수맥 핵심 비결

(1852-1919)이 출생하였고 1863년 12세에 왕위에 올라 고종(재위 1863-1907)이 되었다. 묘의 우측 비석에는 대원군 이하응이 직접 쓴 묘비명이 있다.

 1866년 3월과 8월 두 차례에 걸쳐 조선과의 통상교섭에 실패한 독일인 에른스트 오페르트(Ernst Oppert)가 1868년 대원군과 통상문제를 흥정하기 위해 남연군묘를 도굴하려다 미수에 그침으로 대원군은 크게 분노하여 통상수교 거부정책을 강화하고 천주교탄압을 가중하였다.

남은들 상여

남은들 상여

남연군의 유골을 연천으로부터 이곳까지 5백 여리를 운구해왔고 운구하는 상여가 지나는 인근 고을 주민들이 동원되어 해당 구간을 릴레이식으로 옮기도록 했다. 마지막

구간을 맡은 광천리 남은들 사람들이 상여를 극진히 모셨으므로 이하응은 상여를 덕산 광천리에 하사하였고 '남은들 상여'로 불리게 되었다. 그러나 1950년대 이 상여가 분해되어 도난당했다가 온양 근처에서 회수되어 1955년 전병석씨에 의해 보수되어 현재 광천리 519-6 보호각에 보존되고 있고 대목장 전흥수씨가 실측하여 제작한 재현품이 진열되어 있다.

풍수지리적 분석

남연군묘는 서남쪽에서 맺힌 가야산(678)이 북쪽으로 세를 틀었다가 옥양봉(593)에서 층층 첩첩 하강하여 다시 동쪽으로 목을 틀어 맺힌 혈이다. 좌측의 서원산(473)이 내청룡의 발원으로 천을(天乙)이 되고 우측의 석문봉(652)이 내백호의 발원으로 태을(太乙)이 된다.

현무: 조산(祖山)이 마치 머리를 숙인듯하고 하강하는 용의 세가 곧게 뻗지 않고 수려하게 층층

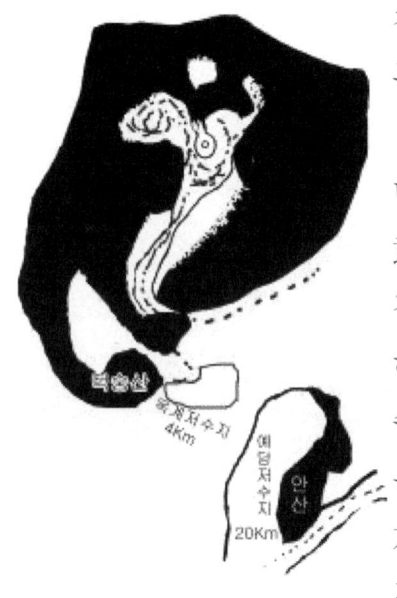

남연군묘 산도

첩첩이 내려오며 삼림이 무성하다. 이런 것을 《금낭경》에서 "현무가 머리를 드리운듯하다(玄武垂頭)"・"세가 마치 집이 첩첩이 겹쳐진 듯하고 초목이 울창하면 수도를 열고 나라를 세운다(勢如重屋, 茂草喬木, 開府建國)"라고 한 것이다.

청룡: 서원산에서 발원한 청룡은 기복(起伏)을 거듭하며 남연군묘에서 직선거리 4Km인 옥계리 저수지까지 구불구불 이어져 평지로 내려앉는다. 이런 것을 《금낭경》에서 "청룡은 꿈틀대며 구불구불 이어져야 한다(靑龍蜿蜒)"라고 한 것이다. 외청룡은 당진시의 아미산(394)를 거쳐 면천면과 예산군 봉산면 금치리・구암리・사동리로 이어져 평지로 내려앉는다.

백호: 백호는 석문봉으로부터 내려오다 남연군묘의 전면 45도 우측에서 웅크려 봉우리(364)를 이루고 층층이 머리를 수그려 옥계리 저수지 우측을 지나 덕산면 시량리 충의사(윤봉길의사 사당) 뒤 봉우리(290)에 와 북쪽으로 머리를 돌려 혈의 앞에서 수구를 막고 고요히 멈춘다. 이런 것을 《금낭경》에서 "백호가 길들여진 듯 머리를 숙인다(白虎馴頫)"라고 한 것이다.

외백호는 가야산에서 한서대학교 뒤 산수리를 거쳐 산수리 저수지를 건너 장요리·가곡리를 지나 북쪽으로 머리를 돌려 혈의 우측 30도 방향에 위치한 덕숭산(495)으로 멀리 돌아 내백호를 겹쳐 싸고 있다.

물: 물은 가야산 계곡에서 흘러내린 물이 혈 우측의 상가저수지에 고였다가 역으로 흘러 서원산에서 발원한 청룡을 따라 옥

 명당 수맥 핵심 비결

계리 저수지로 흘러가는데 옥계 저수지 옆의 내백호 머리가 물을 막는 인(印)의 역할을 한다. 옥계리 저수지가 계수를 이루어 금어(金魚)의 역할을 하고 예당저수지가 수계를 이루어 기가 새어 나가지 않도록 한다.

안산: 안산은 삽교읍 송산리 영상농원 뒷산을 거쳐 20Km 떨어진 예당저수지 서남쪽 대야리 뒷산이 된다.

혈: 혈처를 살펴보면 옥양봉에서 첩첩이 내려와 북동쪽으로 머리를 틀어 마치 자루 속에 곡식을 가득 채운 듯 둥글게 부풀어 있고 그 아래 평지와의 경계가 분명해 축기(畜氣)가 가득함을 알 수 있다.

묘를 중심으로 전면에 거대한 바위가 있고 좌우측 앞으로도 거대하고 평평한 바위가 있어서 사방이 바위로 둘러싸인 형국이다. 생기가 새어나가지 않도록 한다. 건좌손향(乾坐巽向)으로 동남향이며 내반의 병술(丙戌) 분금을 사용했다.

결론

남연군묘의 특징은 다음과 같다.

1. 사방이 짜임새 있게 둘러싸여 마치 자궁과 같이 생긴 매우 귀한 혈임이 틀림없다. 그러나 격에 비해 청룡이 다소 부족하다. 청룡은 구불구불 길게 이어지며 둘러싸야 하는데, 이 혈의 청룡은 4Km밖 옥계 저수지까지 이어지며 기복은 있지만, 완연이란 측면에서는 부족하고 외청룡도 기세가 약하다. 이런 혈은 후손이 적게 되고 특히 장손 집안이 부실해진다.

2. 계수(界水)에 비해 안산이 부족하다. 옥계리 저수지가 기를 축적토록하고 예당저수지가 거듭 둘러싸고 있지만, 안산은 옥계리 저수지 서남쪽 290m 산의 옆을 비껴 20Km 떨어진 예당저수지 서남쪽 대흥면 대야리 봉수산(484m) 자락이 된다. 그러나 직선거리로 20km가되고 좌우가 들판으로 터져 현무・백호・청룡에 비해 세가 약하고 장풍이 부족하다. 《금낭경》에 "주작(안산)은 춤추며 날아오르듯 해야 한다. 주작이 춤을 추지

 명당 수맥 핵심 비결

남연군묘의 전방-안산이 멀어 아스라하다.

않으면 날아간 것이다(朱雀翔舞, 朱雀不舞者騰去.)"라고 했는데, 주작은 흔히 군왕을 마주한 신하를 상징하므로 이처럼 안산이 부족하면 장풍(藏風)이 부족하여 전면의 외풍을 막지 못하므로 군주로서의 실권이 부족하고 항상 반항하는 인물이 그치지 않으며 발복도 짧게 된다.

이 묘를 쓴 7년 후 이하응은 차남 명복(후일 재황으로 개명)을 얻었는데 그가 12살에 철종의 뒤를 이어 왕위에 오른 고종이다. 그러나 등극한 지 3년만인 1866년 미국 제너럴 셔먼호 사건과 프랑스 함대에 의한 병인양요, 1875(고종 12년)

남연군묘. 사방의 산이 첩첩 둘러 쌌다.

일본의 운양호사건 등이 발생하고 천주교와 동학에 의한 난(당시의 견해) 등이 끊임없이 이어졌다.

뿐만 아니라 청나라의 위안스카이(袁世凱)와 일본의 이토히로부미에 의한 압박, 끝내 나라를 잃게 되고 백성들이 36년이나 고통을 당하게 된 것은 이런 형세 때문이었을 것이다.

3. 본래 남의 자리를 빼앗는 것을 '참상핍하(僭上逼下)'라고 하는데, 이런 행위를 하면 아무리 길지라도 좋은 운이 오래가지 않고 흉하게 된다. 이 자리로 인해 후손 가운데 고종·순종 2대에 걸쳐 황제가 탄생했지만 결국 그로인해 나라가 망하고 후손이 끈긴 것은 그러한 연유가 아니었을까?

조익(趙翼)선생 묘

좌향과 분금: 乙坐辛向 丁卯분금

 조익(1579-1655)선생은 본관이 풍양이며 자가 비경(飛卿) 호는 포저(浦渚)·존재(存齋), 시호는 문효(文孝)이다. 1579년(선조 12년) 4월 7일 출생하였다. 우암 송시열(1607-1689)이 쓴 비명에 의하면 태몽에 흑룡이 방으로 날아 들어왔다고 하며 "3세 때에 장난삼아 바둑돌을 이리저리 배치하였는데 주역의 괘상이었으므로 보는 이들이 기

이하게 여겼다. 5세 때에는 글을 지을 줄 알았으며 8세 때에는 소(疏)를 기초하여 사정(邪正)을 변론하였으므로 여러 장로(長老)들이 경탄하여 '누가 이 글을 어린애가 지었다고 하겠는가?'라고 감탄하였다"고 한다.

 부친 첨지중추부사공 조영중의 덕으로 음보(조상의 덕으로 벼슬을 받음)를 입어 정포만호가 되고 1598년(선조 31) 압운관으로 미곡 23만 석을 잘 운반하여 표리(表裏)를 하사받았다. 1602년(선조 35년) 24세에 별시문과에 병과로 급제하여 승문원에 보임되었으나 권신의 비위를 거슬러 7년 동안 승진되지 못하다가 겨우 성균관 전적에 올랐고 사헌부 감찰을 거쳐 평안도 평사로 나갔다. 여러 벼슬을 거친 뒤 1611년(광해군 3) 수찬으로 있을 때 이황 등의 문묘종사를 반대한 정인홍(鄭仁弘)을 탄핵하다 고산도찰방으로 좌천되고 이듬

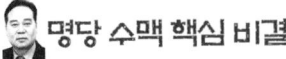

해 사직하였다.

1623년 인조반정으로 재기용되고, 1625년(인조 3) 부호군·형조참의를 지냈다. 1636년 병자호란 때 예조판서로서 달아난 죄로 처벌받은 뒤 1643년 재기용되어 원손보양관(元孫輔養官)이 되었다. 이조판서·예조판서·대사헌이 되고 1648년 좌참찬으로 승진 1649년 효종이 즉위하자 우의정으로 인조의 행장찬집관을 겸한 후 좌의정에 올랐다. 그해 이이·성혼의 문묘종사를 상소하였으나 허락되지 않자 사직하였다. 김육의 대동법 시행을 적극 주장하였고, 성리학의 대가로서 예학에 밝았으며 음률·병법·복서에도 능하였다.

1655년(효종 6년) 2월 병이 들자 임금이 재차 의원과 약을 보내어 병을 치료하게 하였다. 병이 위독해지기 전 관대를 차리고 가묘에 배알한 후 3월 10일 세상을 떠났으니 77세였다. 부음이 전해지자 임금이 애도하고 조회를 중지하였으며 조위와 부의를 의식대로 거행하고 왕세자도 궁관을 보내어 조문하고 치제하였다. 그해 6월 10일에

포저제

대흥현 동화산의 건향(乾向) 언덕에 장사지냈다.

개성의 숭양서원, 경기도 광주의 명고서원, 신창의 도산서원에 제향되었으며 저서에 《포저집》·《서경천설》·《역상개략》 등이 있다. 많은 후손이 있으며 조순 전부총리도 후손이다.

조익선생 부자묘

묘소

묘역은 예산군 신양면 신양리 33-1에 있으며

명당 수맥 핵심 비결

조익선생묘. 뒤로 과협과 입수가 분명하다.

97,887제곱미터(29,400여평)로서 1987년 문화재사료 제 284호로 지정되었다. 조익선생의 묘를 비롯해 신도비·묘비·사우(詞宇)와 함께 있다. 광해군 때 폐모론이 일자 벼슬을 버리고 신창현 도고산에 초가를 짓고 경사 연구에 몰두한 것이 예산과 인연을 맺게 된 계기가 되었다. 묘는 효종 6년인 1655년 현재의 묘소 부근에 설치했다가 숙종 16년인 1690년 시호를 받으며 예장(禮葬)한 것이다. 봉분 아래는 둘레석을 쌓았고 묘소는 乙坐辛向으로 내반 丁卯분금을 사용했다.

명당찾기 수맥측정 핵심비결

당대 발복하여 당대 쇠멸한 명당
고려대의 전신 보성전문의 설립자 이용익 대감 조모의 묘.

이용익 대감

당대 발복하여 당대 멸망하는 명혈이 있다면 우리는 어떻게 판단해야 하는가. 지가서에서도 속발 속패의 자리에 대해 여러 곳에서 언급하고 있다. 그런데 실제로 이러한 자리가 있었으니 그 주인공은 조선 말 고종 때에 명천부사·평안감사·대장원경·탁지부대신(지금의 재무부 장관)을 지냈던 이용익(李容翊, 1854-1907) 대감이다. 그는 지금 사학의 명문인 고려대학의 전신, 보성전문학교를 설립한 사람이기도 하다.

함경도 명천은 백두대간 아래 장백산과 두리산(豆里山)의 두 웅산을 끼고 설령(雪嶺)과 석이령(石耳嶺) 아래 장덕산(長德山) 서쪽 칠보산(七寶

山)을 동남쪽에 두고 면화천(沔禾川) 아래 작은 고을이다. 이 명천 고을의 향교 뒷산에는 멀리 칠보천을 수국(水局)으로 한 큰 명당이 있다고 전해 오는데 좌향은 자좌오향(子坐午向)에 술파(戌破)였다고 한다.

 지금도 그렇지만 어느 시골 어느 고을이건 간에 명당이 있다고 하면 그 명당을 얻기 위해 도장(盜葬), 투장(偸葬)이 빈번하기 마련이다. 조선 왕조 오백 년의 형사 소송 사건의 절반이 명당을 얻기 위한 산송(山訟)이고 보면 명당에 대한 우리 조상들의 인식은 거의 신앙적이라 해도 과언이 아닐 것이다.

 그래서 지금도 시골 군·읍·면 소재지에 가면 공인된 명당이 있는데 그곳은 아무도 들어갈 수 없는 금기혈(禁忌穴)이 대부분이다. 즉 어느 누구도 묘를 쓸 수 없는 금장혈(禁葬穴)이다.

이러한 명당은 흔히 한 고을의 진산(鎭山)이거나 고을에서 신성시되는 산들이 많다. 이러한 명당은 고을이나 마을 전체의 풍수에 대한 기복신앙적인 양상으로 공공의 복리를 위주로 하며 만약 그 자리에 어느 누구라도 투장을 하면 그 고을

전체에 당장 액상이나 한발 또는 장마가 들거나 전염병이 창궐한다고 믿고 있다.

 이 명천 향교 뒷산의 子坐午向의 명당도 그와 같아 봄에 날이 가물거나 여름에 장마가 오래 지속되거나 전염병이 돌거나 또는 마을 안에 불미한 일이 생기게 되면 이것은 틀림없이 그 명당에 누군가가 도장한 탓이라고 하여 마을의 청년들은 물론 부녀자들까지 떼를 지어 몰려가 명당을 파헤치곤 했다. 그런데 묘한 것은 명당을 파헤칠 때마다 번번이 암장한 시신이나 뼈가 나온다는 사실이다.

 주인공 이용익은 광주(廣州) 이씨의 후손으로 명천 고을에서 첫째가는 도박의 고수였다. 이용익은 평생을 명천 땅에서 무위도식하는 것이 지겹게 느껴져서 이 혈에 욕심을 냈다. 머리 회전이 빠른 그는 그야말로 귀신이 곡할만한 묘책을 생각해냈다.
 그에게 노름빚을 지고 있는 친구가 하나 있었다. 하루는 그 친구를 불러 노름빚을 갚으라고 윽박질렀다. 그 친구는 돈이 있을 리 없었다. 노름빚을 연기해달라고 사정하는 그에게 이용익은 노름빚을 탕감해줄 방안을 제시했다. 마을 뒷산 공동묘지에 가서 연고 없는 묘를 파서 뼈를 주워 오라고 하였다. 감지덕지한 그 친구는 냉큼 달려가 무연고 묘를 파헤쳐 뼈를 모아 자루에 넣어 그에게 건네주었다. 뼈를 받아든 이용익은 친구에게 이러한 사실을 발설하면 그날로 제삿날이 될 것이라고 엄포를 놓았다.

 그해 이른 봄 그믐날 밤, 그는 자기 할머니 묘를 파묘해서 향교 뒷산의 금장혈에 깊숙이 묻고 그 위에 노름빚으로 받은 이름 모를 사람의 뼈를 묻었다. 봄이 되자 연중행사처럼 봄 가뭄이 들었다. 동네 사람들은 아니나 다를까 가뭄은 어느 놈의 투장 탓이라 단정하고 남녀노소를 불문하고 우르르 몰려가 그 금장혈을 파헤쳤다. 물론 이용익도 뒤따라 올라가 파헤치는 데 일조를 했다. 드디어 이름 모를 사람의 뼈가 나타나자 마을 사람들은 쾌재를 불렀다. 그리고는 동네 사람들은 그 뼈를 가루가 될 정도로 짓이겼다. 이때 그는 시침을 떼고는 해마다 번거롭게 이리할 것이 아니라 아예 이 자리에다 석회를 묻어 굳혀 두면 투장이나 암장을 못할 것 아니냐고 제안했다. 석회값 또한 자신이 부담하겠노라고 하니 마을 사람 중 누구도 마다하지 않았다. 이렇게 금장혈에 굳게 석회를 다지고 봉분까지 만드니 그의 할머니 시신은 아주 깊이 명당 혈속에 편안하게 모셔지게 되었다.

 명당 발복을 깊이 신뢰한 그는 얼마 후 홀연히 고향을 떠나 한양으로 올라갔다. 한양으로 올라오긴 했지만 그에게는 몸을 의탁할 곳 하나 없었다. 배운 것이라고는 투전뿐이고 글도 천자문 정도는 배웠다고 하나 믿을 것이 못 되었다. 그래서 겨우 물지게로 물을 나르는 곳의 인부로 취직했다. 당시 한양, 북촌의 양반들은 모두가 한양에서 떠온 맑은 물을 돈을 주고 사서 마실 때였다. 이 물을 물지게로 운반하는 조합이 있었고 그 인원도 수백 명도 넘었다고 한다. 해마다 정초가 되면 한강 변에서는 물지게 조합원들의 달리기 경기가 열렸는데 물통 두 개에 물을 가득 채우고

 명당 수맥 핵심 비결

누가 먼저 목표지점에 골인하느냐는 경기였다. 포상으로는 나라에서 상금과 부상을 주었다.

그는 다리가 튼튼했던지 이 경기에서 매번 우승했고 달리기의 달인이 된 그의 명성은 물지게 조합원들은 물론 조정에까지 알려지게 되었다. 어떤 고관이 그에게 서찰을 주면서 "지금 출발하여 전주까지 왕복할 수 있겠는가?" 묻자 그는 오늘 밤 戌시 이내에 당도하겠다고 하였다. 그때가 아침 辰시였으니 십여 시간 내에 전주에 가서 수신인으로부터 답신을 받아와야 하는 것이었다. 과연 그가 한양에 도착한 시각이 술시였다. 이외에도 충주를 당일 내에 왕복하는데 해가 저물기 전 한양에 도착했다고 한다.

고향 명천에서 올라온 지 10여 년 후 물지게꾼인 그에게 마침내 풍수발복의 신호가 왔다.

때마침 고종 壬午년의 군란이 있었고 명성황후 민씨는 난을 피하여 충청도 장호원에 있는 친척집에 피신하고 있었을 때였다. 고종은 군란이 청군(淸軍)에 의해 진압되자 민비에게 이 기쁜 소식을 전하고자 하였다. 그러나 역마나 사신을 보내게 되면 민비가 숨어있다는 사실이 탄로 나기 때문에 공개적으로 특사를 보낼 수가 없었다. 조정에서는 민비가 이미 서거했다며 장례까지 지낸 터였다.

 그래서 극비리에 이 소식을 전할 메신저를 물색하던 중 가장 날래고 잘 달리는 물지게꾼 이용익이 물망에 올랐다. 이 희소식을 갖고 충주에 달려간 그는 피신해 있던 민비로부터 크게 환대를 받고 장래 출세를 보장받게 되었다. 민비와 고종의 사랑과 비호를 받은 이용익을 욱일승천하는 기세로 출세 가도를 달리게 되었다.

 몇 달 후 그는 임금으로부터 명천부사로 임명을 받고 고향 땅에 금의환향하였다. 명천의 일개 투전꾼인 그가 10여 년 만에 명천 고을의 원님이 되어 나타난 것이다. 고향 사람들은 그를 우러러 환영했지만 그가 자신의 할머니를 뒷산에 암장했으리라고는 상상조차 하지 못했다.

 고향 땅에서 이름을 크게 날린 그는 얼마 안 가서 평양감사가 되었다. 평안도는 관서(關西)땅으로 물산이 풍부하여 평안감사로 있으면서 많은 특산물을 고종과 민비에게 진상했다. 그는 다시

 명당 수맥 핵심 비결

조정의 출납을 담당하는 내장원경에 올랐고 다시 지금의 재무부장관격인 탁지부대신으로 누진하니 온 나라 사대부들의 시기와 질시를 받았다. 그러나 그는 눈 하나 깜짝하지 않았다.

탁지부대신에 오른 그는 온 나라의 금광채굴권을 손에 쥐고 황실경비를 조달하는 막강한 자리에 있었다. 명예와 권력은 물론 거부가 되어 있었다. 그때 그의 별명이 금독(金犢:금송아지) 대감이라 불렀다. 금광에서 캔 금덩이로 금송아지를 만들어 고종에게 진상했기 때문이다.

세월이 흘러 조선이 일본에게 침략을 당해 국운이 쇠약해지고 드디어 일본의 마수에 의해 나라가 멸망하게 된 때에 그는 해삼위(블라디보스톡)로 망명하는 등 국권회복을 위해 동분서주하다가 해삼위의 한 여사(旅舍)에서 쓸쓸하게 눈을 감았다. 그때 그가 지닌 돈은 얼마 없었다고 한다.
 이렇게 명천 땅의 자좌오향의 명당은 당대 발복하여 당대 멸망했다는 말이 전설처럼 구전되어 오고 있다.

명당찾기 수맥측정 핵심비결

고려대학교

참고로 을사조약으로 일본의 국권침탈이 본격화 되던 시기 이용익은 교육구국의 이념으로 보성전문을 설립하였다. 보성(普成)이라는 교명은 고종황제가 '널리 인간성을 계발하고 실현시키라'는 뜻으로 친히 내렸고, 설립 후 매년 1,200원씩(당시 교수 월급 30원) 수년간 지원할 만큼 각별한 애정을 쏟았다. 그러나 이용익이 러시아로 망명을 떠나고 일본이 황실 재산을 국고로 이관하면서 보성전문은 심각한 자금난을 겪게 되었다. 1910년 천도교 지도자 손병희가 경영권을 이어받았는데, 전국 300만 천도교도가 끼니마다 한 숟갈씩 모은 성미(誠米)로 재원을 조달했다. 대공황으로 다시 재정위기에 빠지자 1932년 동아일보 창업자인 인촌 김성수가 학교를 인수하고 1934년 지금의

이용익이 설립한 보성전문이 고려대학교가 되었다.

 명당 수맥 핵심 비결

위치인 안암동으로 옮기면서 발전의 전기를 맞게 되었다.

청오 지창룡박사 이야기

청오 지창룡(1922-1999)은 경기도 시흥 군자산 아래에서 출생했다. 20여 세에 일본으로 건너가 광업학교에 다니고 귀국하여 평양제철소 소장으로 발령을 받았다. 그러나 일본이 패전할 것을 예견하고 부임하지 않았다. 소년시기부터 주역과 감여(풍수)·관상학을 연구했으므로 을지로 7가 한양공고 맞은편에 <지청오>라는 간판을 걸고 관상과 풍수지리를 전문으로 했다.

청오 지창룡

풍수적 업적

이승만 대통령의 부름을 받아 국군묘지를 물색하여 1954년 선정했는데 그것이 현재 서울 동작동 국립현충원이다. 박정희 대통령의 위촉으로

지창룡이 점지한 서울 국립현충원

대전 정부 종합청사 부지와 대전 계룡대 터를 잡았다.

전두환 대통령이 수도 이전을 은밀히 검토할 때 후보지를 물색하여 보고서를 올렸으나 계획이 취소되었다.

삼성 이병철 회장의 계획에 따라 자연농원(현재 에버랜드) 자리와 이회장 묘자리를 잡았으며, 이범석 국무총리·홍진기 장관(중앙일보 홍석현의 선친)·연세대 백낙준박사 등 많은 정재학계 인사들의 묘소를 선정했다.

박정희 대통령 묘소에 얽힌 이야기

1961년 키가 자그마하고 다부진 신사가 찾아와서 말했다. "제가 무슨 일을 하려고 하는데 되겠습니까?" 지창룡은 그의 얼굴을 보고 그가 군인이라는 것과, 얼굴이 검고 치아가 은색인 '철면은

명당 수맥 핵심 비결

아(鐵面銀牙)'임을 보고 그가 혁명을 하여 대권을 잡게 될 인물임을 알았다. "되겠습니다." "틀림없습니까?" "틀림없습니다." 이렇게 해서 박정희대통령과 인연이 시작되었다. 1960년대 말 박대통령이 저녁에 청와대로 초청하여 함께 술을 마시며 말했다. "지박사, 이담에 내 묘자리 좀 부탁하오." 그러나 이 약속은 지켜지지 않았다. 1974년 광복절 기념식장에서 육영수 여사가 문세광의 흉탄으로 서거하여 먼저 묘자리가 정해졌기 때문이다. 지창룡은 평생 이렇게 술회했다. "박정희 대통령과 약속을 못 지킨 게 가장 후회돼. 74년 초에 천문을 봤더니 대통령이나 영부인에게 변고가 생기겠더군. 그래서 사람을 시켜 비서실에 연락을 했지. 대통령과 영부인 경호를 단단히 하라고. 그런데 8월 15일 그런 일이 발생한 거야. 나는 너무 슬프고 괴로워서 시흥 시골집으로 들어가 술을 마시며 슬픔을 달래고 있었는데, 다음날 시흥경찰서장이 지프를 타고 찾아왔어. 빨리 가시자는 게야. 전국으로 나를 찾다가 없으니까 혹시 시흥에 가보라고 해서 왔다는 게야. 그때만 해도 비포장도로라서 차가 털털거리며 아주 늦게 갔지. 동작동에 가보니 다른 사람들이 이미 묘자리를 정해 놓고 작업을 하는 중이었어. 국립묘지는 내가 자리를 잡고 장군묘역과 애국자 묘역도 정했어. 이승만대통령 묘자리도 잡고 했기에 손바닥에 놓고 보는 듯 훤히 알지. 나는 평소 마음속으로 박대통령 묘자리를 정해 놓고 있었는데, 거기가 아니었어. 그래서 안된다고 했더니 국립묘지 이○○소장이 말하기를 '이미 청와대 비서실에서 다녀갔고, 유족대표로 육인수(육영수여사의 오빠)씨와 김종필씨도 다녀갔으며, 국방부에서 토질 검사를 했는데, 토질도 괜찮다고 합니다. 이제 어떻게 다른 자리로 정하겠습니까? 박사님도 좋다고 해주십시오.'하더군. 나는 하늘을 우러러 탄식했지. '아-아! 박대통령 복이 이것뿐이구나! 내가 대통령과 약속을 못 지키게 되었구나!'하고. 그래서 양쪽으로 배수관을 넣고 하수도로 물이 흐르도록 하라고 했어. 그래서 박정희 대통령 묘소가 그렇게 정해진 게야. 그게 제일 가슴이 아파."

명당 수맥 핵심 비결

전두환 대통령에 얽힌 이야기

1979년 겨울 합동수사본부장 측근이 전두환장군 사진을 가지고 와서 보여주며 물었다. 당시 전두환장군을 모르는 사람이 없을 때였다. 지창룡은 백지 위에 이렇게 써서 보냈다. '歸依三寶, 人王二十煥귀의삼보, 인왕이십환'. 歸依三寶는 전두환씨가 장차 불교에 귀의하게 된다는 뜻이고, 人王은 全자를 파자하고, 二十은 卄자를 파자한 것으로 전두환 장군이 왕이 된다는 뜻이었다.

그 외에 노태우 대통령도 인사를 할 때면 해당 인물의 사진을 보내 반드시 관상을 참고했다.

지창룡은 주위 사람들에게 이렇게 예견했다. "두고 보라. 앞으로 아주 불쌍한 대통령이 나오게 되고, 쫓겨나는 대통령이 나오게 된다. 온 국민이 괴로워 살 수 없는 시대가 오고, 그 다음 평안해지고 통일이 된다. 나는 못 보지만, 그대들은 보게 될 것이다."라고. 그 예언대로 불쌍한 대통령(노무현)과 쫓겨난 대통령(박근혜)이 나왔다. 이후는 우리가 지켜봐야 할 것이다.

지창룡은 1999년 11월 후두암으로 별세했고, 그

연천 옥계리 군자산의 지창룡 묘소

가 묻힌 곳은 자신이 점지해 둔 경기도 연천군 군남면 옥계리의 군자산 봉우리이다. 경기도 시흥의 군자산 아래에서 태어나고 연천의 군자산에 묻혔으니 군자산에서 태어나고 군자산으로 간 것이다.

지창룡은 서화에 뛰어났는데, 북화풍의 그림으로 동남아 지역에서 인기가 있었다. 그의 그림은 화가 평호(平戶)에게 전수되었으며, 풍수와 관상 등 역학 분야는 전용원에게 전수되었다.

필자는 지창룡의 제자로서 스승의 명복을 빌며 글을 마친다.

월간역학이 펴낸 도서

천지신명과 사람들께 바치는 주역
난해한 주역을 알기쉽게 설명했다.
이 책만 있으면 주역점을 칠 수 있다.
전용원 /38,000원

돈 권력 수명 이 책 안에 다있다!! 마의상법정해
마의상법 원문과 독음, 번역과 주를 달아 누구나 쉽게 관상 공부를 할 수 있다.
전용원 /38,000원

풍수지리와 나경사용법
풍수지리 원리와 기초부터 실전까지, 나경사용법을 사진을 곁들여 자세히 설명했다.
전용원 /38,000원

미래사주학 핵심정리
사주명리학의 원리, 초보부터 완성까지 알기쉽게 설명했다.
진산/ 上下세트 55,000원

삼대복신 명리학
사주학이 어렵다고한다. 사주를 쉽게 볼 수 있는 새로운 사주학.
진산/38,000원

오행성 삼대복신 명리학
삼대복신 명리학에 오행을 대입하여 발전시킨 이론이다.
진산/38,000원

월간역학 대운만세력/구성 종합 만세력 세트
대운 만세력은 음양력 대조와 정확한 대운, A4 판형 큰 책으로 활자가 커서 보기 편하다.
구성 종합만세력은 양력과 음력, 요일이 있고 대운과 구성이 함께 표시되어있는 B5 크기.
2책 모두 1921년부터 2050년까지 수록되어 있다.
각 20,000원

월간역학 독자께는 할인 혜택을 드립니다.   문의 및 주문 : 02)2264-0258